앤드류 머리 **겸손**

지은이 앤드류 머리 Andrew Murray, 1828~1917

목사 겸 저술가. 스코틀랜드에서 남아프리카공화국으로 파송된 네덜란드개혁교회 선교사인 앤드류 머리 시니어의 둘째 아들로 태어났다. 형 존 머리와 함께 스코틀랜드 애버딘 대학교에서 수학한 뒤 네덜란드 위트레흐트 대학교에서 신학을 공부했다. 이후에 블룸폰테인, 우스터, 케이프타운, 웰링턴 지역의 교회에서 사역했다. 1860년 부흥운동을 선도했으며 1889년에는 마사 오스번, 스펜서 월턴과 함께 남아프리카공화국 총선교회(SAGM)를 세웠다.

앤드류 머리는 신앙서의 고전이 된 수많은 저서를 통해 그 당시 신앙인들은 물론 현대의 신앙인들에게도 큰 가르침을 전한다. 그리스도인의 삶 속에서 특히 개개인의 헌신과 신앙생활, 선교, 교회의 사명 등에 집중하며 이에 대한 많은 글을 남겼다. 지은 책으로는 『겸손』 외에도 『그리스도의 기도학교에서』, 『하나님만 바라라』 등 다수가 있다.

옮긴이 정미현

연세대학교에서 신학을, 한양대학교에서 연극영화학을 공부했고, 뉴질랜드 이든즈 칼리지에서 TESOL 과정을 마쳤다. 현재 펍헙 번역그룹에서 전문 번역가로 활동하고 있다. 지금은 신앙인들의 사랑을 받아온 기독교 고전 작품들을 새로이 번역하는 작업을 진행 중이다. 옮긴 책으로는 『누가 나의 아픔을 알아주나요』, 『중년 연습』, 『이태원 아이들』, 『러셀의 행복 철학』, 『모든 슬픔에는 끝이 있다』, 『일생에 한 번 내게 물어야 할 것들』, 『크로웰』, 『하나님의 임재 연습』 등이 있다.

앤드류 머리 겸손

발행일 2013년 08월 30일 초판 1쇄
발행일 2013년 10월 30일 초판 3쇄

지은이 앤드류 머리
옮긴이 정미현
발행인 고영래
발행처 레베카

주소 서울시 양천구 목동 중앙북로 14길 57
전화 (02)773-5680
팩스 (02)773-5685
이메일 miraebooks@daum.net
등록 2013년 3월 27일(제2013-000019호)

Copyright©레베카, 2013, Printed in Korea
ISBN : 978 8970873015 13230

잘못된 책은 바꾸어 드립니다.

앤드류 머리 겸손

앤드류 머리 지음 · 정미현 옮김

목차

머리말

01. 겸손 : 피조물의 영광　11

02. 겸손 : 구속의 비밀　21

03. 예수님의 삶에 나타난 겸손　31

04. 예수님의 가르침 속에 나타난 겸손　41

05. 제자들 가운데 나타난 겸손　51

06. 일상생활 속의 겸손　61

07. 겸손과 거룩함　73

08. 겸손과 죄　83

09. 겸손과 믿음　93

10. 겸손과 자아의 죽음　103

11. 겸손과 행복　115

12. 겸손과 높임　125

겸손을 구하는 기도　137

영어 원문　139

머리말

우리를 겸손의 길로 나아가도록 권면하는 강력한 동인 세 가지가 있습니다. 이 겸손은 나를 피조물답게, 죄인답게, 그리고 성도답게 만들어줍니다. 첫 번째 동인은 천군 천사들과 타락하지 않은 원죄 이전의 인간과 인자 되신 예수님 안에 있습니다. 두 번째 동인은 타락한 상태에 처한 우리에게 호소하며, 우리가 피조물로서 있어야 할 제자리로 돌아갈 수 있는 유일한 길을 알려줍니다. 그리고 우리는 세 번째 동인을 통해 은혜의 신비를 품에 안게 됩니다. 그 은혜의 신비가 우리에게 가르쳐주는 바가 있습니다. 감당치 못할 만큼 한량없이 크신 구속의 사랑 속에 우리가 푹 파묻혀 있을 때, 겸손은 우리에게 있어 영원한 축복과 경배의 완성이 된다는 사실입니다.

통상적인 신앙 교육에서는 두 번째 측면만 지나치게 부각되어왔습니다. 그래서 어떤 이들은 우리가 참으로 겸손한 모습을 유지하려면 계속해서 죄를 지어야 한다는 극단적인 표현을 쓰기도 합니다. 또 어떤 이들은 자책의 힘이 곧 겸손의 비결이라고 생각합니다.

그래서 그리스도인은 삶 속에서 많은 것을 잃고 말았습니다. 신자들이 바른 눈으로 볼 수 있도록 확실하게 끌어주는 길잡이가 없었던 것입니다. 우리는 하나님이 만드신 피조물로서 하나님 앞에서 아무것도 아닌 존재라는 사실이 가장 자연스럽고 아름답고 축복받은 것임을 알아야 합니다. 하지만 우리는 하나님이야말로 모든 것이 되시는 분임을 볼 줄 아는 눈을 갖지 못했습니다. 우리를 가장 겸손하게 만드는 것은 죄가 아니라 은혜라는 점을 분명히 이해하지 못한 것도 사실입니다. 우리 영혼이 죄로 점철된 길을 거쳐 전능하신 하나님이자 창조주이며 구세주이신 그분의 놀라운 영광 속에 자신을 온전히 맡기는 길로 인도받아 진정으로 하나님 앞에서 가장 낮은 자리에 처하게 된다는 것 또한 확실히 알지 못했습니다.

내가 이 같은 묵상을 하면서, 오로지 피조물로서 우리에게 합당한 겸손에 대해서만 집중했던 데는 몇 가지 이유가 있습니다. 신앙 교육에서 겸손과 죄의 관련성을 너무 많이 내세웠다는 판단이 들 뿐 아니라 그리스도인의 삶을 충만하게 하기 위해 겸손의 다른 측면을 부각시키는 것도 꼭 필요하다는 믿음이 있기 때문입니다. 진실로 예수님이 비천하고 낮은 자의 본보기가 되신다면 우리는 그 겸손함의 근본 원리를 알아야 합니다. 우리가 예수님과 함께 발 딛고 서 있는 공통 기반을 찾고 예수님을 닮아가기 위한 원리를 깨달을 필요가 있습니다. 참으로 우리가 하나님 앞에서는 물론 사람들을 향해서도 겸손해지려면, 그리고 진정 겸손이 우리의 기쁨이 되려면, 겸손을 그저 죄로 인한 수치의 표식으로만 보아서는 안 됩니다. 겸손은 하늘에 계신 예수님이 선사하신 아름다움과 축복으로 덧입는 것임을 깨달아야 합니다. 우리는 곧 알게 될 것입니다. 예수님이 종의 형체를 취하셔서 그분의 영광을 찾으신 것처럼 "너희 중에 누구든지 으뜸이 되고자 하는 자는 너희의 종이 되어야 하리라"(마 20:27)는 말씀을 통해 우리에게 전하신 가르침은 바로 모든 이들의 종이자 조력자가 되는 것이야말로 가장 거룩하고 기쁨이 가득한 일이라는 복된 진리였습니다. 자기 자리를 잘 알고 있는 충성스러운 종은 주인이나 손님들이 원하는 바를 채워주는 데서 진정한 기쁨을 찾기 마련입니다. 겸손이 회개보다 더 높은 차원임을 알고 예수님의 삶에 우리가 동참하는 것이 곧 겸손임을 받아들인다면, 우리는 겸손이야말로 우리가 보유한 진정한 고귀함이며 모든 이들의 종이 되는 가운데 겸손을 증명하는 것이 곧 하나님의 형상을 따라 창조된 인간으로서 우리에게 부여된 하늘의 뜻을 가장 완벽하게 성취해내는 것임을 알게 되겠지요.

나의 신앙 경험을 돌이켜보거나 이 세상의 교회를 지켜볼 때 놀라운 부분이 있습니다. 겸손이라는 가치를 예수님의 제자들의 구별된 특징으로 삼아 열심히 구해야 하는데, 사실상 그런 노력이 미미하기 때문입니다. 말씀을 전하고 하루하루를 살아가는 중에, 가정생활과 사회생활 속에 이루어지는 나날의 교제 가운데, 그리스도인들과 보다 특별한 친교를 나누는 가운데, 그리고 그리스도를 위한 사역의 방향과 이를 실행하는 모습 가운데서 안타까움을 느낍니다. 미덕이 커갈 수 있는 유일한 근간이며 예수님과의 진정한 교제를 나누는 데 절대적으로 필요한 조건인 겸손이 기본 덕목으로 여겨지지 않는다는 증거가 얼마나 많은지를 보면서 통탄할 수밖에 없습니다. 보다 차원 높은 거룩함을 추구한다고 주장하는 사람들에 대해 뭐라고 말할 수 있어야 했지만 그러지 못했고, 신앙 고백과 더불어 겸손의 분량을 점점 키워가지 못했습니다. 이러한 부분이 진정한 모든 그리스도인들에게 크나큰 자성의 소리로 다가옵니다. 이는 곧 경중을 따지기에 앞서 꼭 짚어보아야 할 진리입니다. 다시 말해, 온유하고 겸손한 하나님의 어린 양을 따르는 이들에게 나타나야 할 가장 중요한 흔적인 온유하고 겸손한 마음을 입증하라는 요청입니다.

01

겸손: 피조물의 영광

Humility: The Glory of the Creature

"이십사 장로들이 보좌에 앉으신 이 앞에 엎드려
세세토록 살아 계시는 이에게 경배하고 자기의 관을 보좌 앞에 드리며
이르되 우리 주 하나님이여 영광과 존귀와 권능을 받으시는 것이
합당하오니 주께서 만물을 지으신지라 만물이
주의 뜻대로 있었고 또 지으심을 받았나이다 하더라"
계 4:10~11

하나님이 천지만물을 창조하셨을 때 한 가지 목적하신 바가 있었습니다. 하나님이 창조하신 피조물이 그분의 완전하심과 축복을 함께 나누는 자가 되어 하나님의 사랑과 지혜, 권능을 이 세상에 보여주는 것이었습니다. 하나님은 피조물이 받아들일 수 있는 분량만큼 자신의 선하심과 영광을 전해 주셔서 그 피조물 안에, 그리고 그 피조물을 통해 하나님 자신을 밝히 보이시길 바라셨습니다. 하지만 하나님이 우리에게 전해주신 것은 피조물이 본질적으로 소유할 수 있는 무엇인가가 아니었습니다. 피조물이 맡아서 마음대로 처분할 수 있는 생명이나 선함을 주신 것이 결코 아닙니다. 하나님은 영원불멸하시고 언제나 존재하시며 항상 활동하시는 분이십니다. 또한 권능의 말씀으로 만물을 지키시는 분이시며 자기 안에 모든 존재를 품은 분입니다. 그렇기 때문에 피조물과 하나님의 관계는 끊임없이 지속되는 절대적이고 보편적인 의존 관계일 수밖에 없습니다. 실로 하나님이 자신의 권능으로 세상을 창조하셨으니 그 동일한 능력을 통해 매 순간 이 세상을 인도하고 계심이 분명합니다. 피조물은 자기 존재의 근원과 시작을 돌아봐야 할 뿐 아니라 모든 것에서 하나님께 빚진바 되었음을 인정해야 합니다. 하나님의 창조물인 우리가 이제부터 영원토록 주된 관심을 쏟고 최고의 가치로 여기며 유일한 행복으로 삼아야 할 부분은, 하나님이 거하시고 그의 능력과 선하심을 분명히 보이실 수 있는 빈 그릇으로 우리 자신을 하나님께 드리는 것입니다.

하나님이 선사하신 생명은 단 한 번만 주어지고 마는 것이 아닙니다. 쉴 새 없이 역사하는 하나님의 강한 권능 덕분에 우리는 매 순간 지속적으로 생명을 부여받습니다. 하나님께 전적으로 의지하는 입장인 겸손은 본질적으로 피조물의 첫 번째 의무이자 최고의 미덕이며 동시에 모든 덕행의 근본입니다.

그러므로 이런 겸손을 상실한 상태, 즉 교만은 모든 죄악의 뿌리입니다. 타락한 천사들이 불순종에 이끌려 천국의 빛에서 바깥 어두운 데로 내쳐진 순간은 그들이 스스로를 자기만족의 시선으로 바라보기 시작한 시점이었습니다. 인류 최초의 선조인 아담과 하와가 높은 지위에서 곤두박질쳐 지금 우리 인간이 빠져 허우적대는 비참함의 구렁 속으로 떨어진 것 역시 뱀이 하나님처럼 되고 싶은 욕망, 곧 교만이라는 독을 아담과 하와의 마음에 불어넣었을 때였습니다. 천국에서든 땅에서든 자기를 높이고 예찬하는 교만은 지옥으로 향하는 문이자 그 시작인 동시에 저주입니다. (NOTE 1 참조)

그러므로 잃어버린 겸손을 회복하는 것, 다시 말해 피조물인 인간과 창조주 하나님 사이의 단 하나뿐인 본래의 관계를 회복하는 것 외에는 우리가 속죄 받을 길이 없습니다. 예수님은 우리로 하여금 겸손의 길을 함께 가게 하시려고, 또한 겸손을 통해 우리를 구원하시려고 이 땅에 겸손을 회복하셨습니다. 우리가 예수님 안에서 보는 겸손은 하늘에 계신 예수님께 깊이 배어 있는 품성이었습니다. 겸손이 예수님을 이 땅으로 모셔왔고 예수님은 하늘로부터 겸손을 가지고 오셨습니다. 이 땅 위에서 예수님은 "자기를 낮추시고 죽기까지 복종"(빌 2:8)하셨습니다. 예수님의 겸손은 그분의 죽음을 가치 있게 했으며 그로 인해 우리는 속죄받을 수 있었습니다. 그리고 이제 예수님이 우리에게 값없이 주신 구원은 그분의 생명과 죽음, 성품과 정신, 겸손을 전해주신 것이나 다름없습니다. 그분의 겸손은 하나님과 예수님 자신의 관계를 이루는 바탕이자 근거이며 우리를 위해 펼치시는 구속 사역의 근간이 됩니다. 예수 그리스도는 인간을 대신하셨고 온전히 겸손한 삶을 통해 피조물로서 인간의 운명을 완수하셨습니다. 그분의 겸손은 곧 우리의 구원이고, 그분의 구원은 곧 우리의 겸손입니다.

구원받은 성도들의 삶은 죄로부터 해방되었다는 표식과 원래 상태로 완전히 회복되었다는 흔적을 품고 있어야 합니다. 이 성도들의 경우 하나님과의 관계, 사람과의 관계에 겸손이 두루 스며들어 있는 모습을 보입니다. 겸손이 없다면 하나님의 임재 안에 머물 수 없습니다. 하나님의 은혜와 성령의 능력도 체험하지 못합니다. 겸손 없이는 변함없는 믿음도 사랑도 기쁨도 힘도 존재하지 않습니다. 겸손은 은혜가 뿌리내리는 유일한 토양입니다. 겸손하지 않다는 것만으로도 모든 결점과 실패에 대한 충분한 설명이 됩니다. 겸손은 다른 덕목들과 함께 나란히 둘 수 있는 은혜나 미덕이 아니라 모든 것의 뿌리라 할 수 있습니다. 하나님 앞에서 취해야 할 올바른 태도는 오직 겸손뿐이고, 모든 일을 행하시는 하나님의 모습을 가능케 하는 것도 바로 겸손이기 때문입니다.

하나님이 우리를 이성적인 존재로 만드셨기에 우리가 하나님의 명령에 담긴 진정한 본질이나 절대적인 필요성을 진심으로 이해하면 할수록 우리는 더욱 충실한 모습으로 그 명령에 순종하게 됩니다. 겸손을 촉구하는 목소리가 교회에서 너무나 가벼운 취급을 받아왔습니다. 겸손의 진정한 본질과 중요성에 대한 깨달음이 매우 부족했기 때문입니다. 겸손은 우리가 하나님께 가져가거나 하나님이 우리에게 선사하신 것이 아닙니다. 이는 우리가 아무 쓸모없는 하찮은 존재라는 의식일 뿐입니다. 하나님께서 참으로 모든 것이 되신다는 사실을 알게 될 때 그런 깨달음이 찾아옵니다. 그 의식 안에서 우리는 하나님이 모든 것이 되시도록 길을 내어드릴 수 있습니다. 피조물 된 자로서 이것이 참된 고귀함임을 깨달아야 합니다. 그리고 자신의 뜻과 마음과 사랑을 다해 하나님의 생명과 영광이 역사하는 틀이 되도록, 그것이 분명히 드러나는 그릇이 되도록 해야 합니다. 그럴 때 우리는 한 가지 깨달음을 얻습니다. 겸손이란, 피조물로서 자신의 위치가 어디인지 그 진실을 우리가 인정하고 하나님께 그분의 자리를 내어드리는 것입니다.

거룩함을 추구하고 이를 공언하는 신실한 그리스도인들의 삶 속에서 겸손은 그들의 강직함을 보여주는 주된 표식이 되어야 합니다. 물론 실상은 그렇지 못하다는 이야기가 들리곤 합니다. 교회의 가르침과 본보기를 돌이켜 볼 때 겸손이 궁극적으로 가장 중요한 위치에 속하는데도 정작 중요하게 여겨졌던 적이 전혀 없었기 때문 아닐까요? 그리고 이런 상황은 한 가지 진리를 간과하기 때문에 나타나기도 합니다. 즉, 죄악 자체가 겸손의 동기로 강력하게 작용하긴 하나, 천사들과 예수님과 천국의 거룩한 성도들로 하여금 더없이 겸손하게 만드는 보다 광범위하고 거대한 힘이 있다는 진리를 도외시한다는 뜻입니다. 피조물과 창조주의 관계를 보여주는 으뜸가는 표식이자 피조물이 누리는 축복의 비밀은 다름 아닌 겸손 아닐까요? 하나님이 기꺼이 전부가 되시도록 피조물 된 우리는 아무것도 아님을 고백하는 겸손 말입니다.

겸손과 관련해서 나와 비슷한 경험을 고백할 그리스도인들이 분명 많을 것입니다. 우리 주님이 본보기가 되셨듯이 제자 된 우리 모습에도 온유하고 겸손한 심령이 확실히 나타나야 함을 깨닫지 못한 채로 오래도록 주님을 알아왔다는 고백을 하겠지요. 하물며 겸손이 저절로 생기는 것이 아니라 특별히 바라고 기도하며 믿고 실천해야 생긴다는 사실 또한 깨닫지 못하고 살았을 것입니다. 성경 말씀을 살펴보면 예수님이 제자들에게 겸손에 대해서 얼마나 자주 말씀하시며 이를 분명히 가르치셨는지 알게 됩니다. 또한 제자들이 예수님의 말씀을 이해하는 데 얼마나 우둔했는지도 확인할 수 있습니다. 겸손에 관해 묵상하기에 앞서 우리가 먼저 인정해야 할 부분이 있습니다. 교만이야말로 인간에게 가장 자연스럽게 찾아드는 감정이며 우리 눈을 피해 서서히 스며들어 정체를 감추고 있을 뿐 아니라 더없이 까다롭고 위험한 것이라는 사실입니다. 오직 굳은 결단과 인내로 하나님과 예수 그리스도를 섬기는 자세를 통해서만 드러나는 면이 있습니다. 우리에게 겸손의 은혜가 얼마나 많이 필요하며 우리가 구하는 바를 얻기에 얼마나 무력한 존재인가 하는 사실입니다. 우리는 우리 영혼이 예수님의 겸손을 사모하고 찬양하는 마음으로 충만해질 때까지 그분의 성품을 배워가야 합니다. 더불어 우리가 교만한 마음에 얽매여 이를 몰아내지도 못하고 무기력한 상태에 빠져 있을 때, 예수 그리스도께서 우리 안에 허락하신 그의 놀라운 생명의 일부분으로 겸손의 은혜를 주시고자 찾아오실 것을 믿길 바랍니다.

NOTE 1

이 모든 것은 최고의 천사들도 교만으로 인해 사탄이 될 수 있으며, 타락한 인간도 겸손에 힘입어 천사들의 보좌로 올라갈 수 있음을 알리기 위함이다. 따라서 이것은 사탄이 된 타락한 천사들의 세계에서 새로운 창조물을 불러내시는 하나님의 위대한 목적이다. 이런 목적 때문에 새로운 창조물은 타락한 천사들의 격분과 교만, 그리고 하나님의 어린 양이 보여주신 겸손 사이에 벌어진 교전 상태에 놓여 있다. 마지막 나팔은 위대한 진리의 소리를 영원무궁토록 울려 퍼지게 할 것이다. 악을 싹 틔우는 것은 교만뿐이며, 악을 종식시키는 것은 겸손뿐이다. 진리는 바로 이것이다. 우리 안에 교만이 죽어야 한다. 그렇지 않으면 천국의 그 무엇도 우리 안에 살 수 없다. 진리의 깃발 아래 오직 거룩한 예수님의 온유하고 겸손한 정신을 따르고자 우리 마음을 쏟아야 한다. 겸손이 씨를 뿌려야만 천국에서 열매를 거둘 수 있다. 교만을 그저 온당치 못한 기질로만 보지 마라. 겸손 역시 품위 있는 미덕으로만 보아서도 안 된다. 교만은 죽음이고, 겸손은 생명이기 때문이다. 교만은 지옥 그 자체이며, 겸손은 천국 그 자체다. 우리 안에 교만이 도사리고 있는 만큼 타락한 천사 또한 우리 안에 살아 있는 셈이다. 우리 안에 진정한 겸손이 담겨 있는 만큼 하나님의 어린 양이 우리 안에 살아 계신 것이다. 마음을 온통 흩트리는 교만으로 인해 우리 영혼에 무슨 일이 벌어지는지 보인다면 설령 손이나 눈을 잃을지언정 그 독사 같은 교만을 잡아 뜯어내도록 무슨 일이든 하겠다고 애원하게 될 것이다. 겸손 안에 있는 변화의 힘이 얼마나 감미롭고 거룩한지, 겸손이 어떻게 우리 본성 속 독소를 몰아내 우리 안에 성령이 거할 자리를 만드는지 보게 된다면 조금이라도 부족한 겸손에 목말라 하느니 차라리 모든 세상 사람들의 발판이 되길 바라는 게 낫다.

— 윌리엄 로(William Law), 『The Spirit of Prayer』

겸손이 없다면 하나님의 임재 안에 머물 수 없습니다.
하나님의 은혜와 성령의 능력도 체험하지 못합니다.
겸손 없이는 변함없는 믿음도 사랑도 기쁨도 힘도 존재하지 않습니다.
겸손은 은혜가 뿌리내리는 유일한 토양입니다.

02

겸손: 구속의 비밀

Humility : The Secret of Redemption

"너희 안에 이 마음을 품으라 곧 그리스도 예수의 마음이니 그는
근본 하나님의 본체시나 하나님과 동등됨을 취할 것으로 여기지 아니하시고
오히려 자기를 비워 종의 형체를 가지사 사람들과 같이 되셨고
사람의 모양으로 나타나사 자기를 낮추시고 죽기까지 복종하셨으니
곧 십자가에 죽으심이라 이러므로 하나님이 그를 지극히 높여"

빌 2:5~9

모름지기 나무는 자기가 뻗어 나온 뿌리에 붙어 있지 않으면 자랄 수가 없습니다. 나무가 계속 자기 일생을 살아갈 수 있게 해주는 원동력은 바로 그 나무에 존재의 숨결을 불어넣었던 씨앗 안의 생명입니다. 이 진리를 첫째 아담과 둘째 아담에게 적용해 이해한다면 예수님 안에 있는 구속의 필요성과 본질을 확실히 알게 됩니다.

구속의 필요성부터 살펴보도록 합시다. 교만함 때문에 천국에서 쫓겨났던 뱀이 하와의 귀에 유혹의 말을 속삭였습니다. 이 말은 지옥의 독을 품고 있었습니다. 하와가 뱀의 말을 듣고 하나님처럼 되고 싶고 선과 악을 알고 싶은 기대감에 자신의 욕망과 의지를 뱀에게 내어준 순간 하와의 영혼과 피와 생명 속으로 독이 밀고 들어왔습니다. 그리고 우리의 영원한 행복이 되었을 복된 겸손과 하나님에 대한 신뢰를 영원히 깨뜨려버렸습니다. 이로 인해 하와의 삶은 물론 하와에게서 비롯된 모든 민족의 생명 또한 온갖 죄악과 저주 가운데 가장 끔찍한 사탄의 교만이라는 독 때문에 뿌리까지 썩게 되었습니다. 이 세상이 처한 모든 비참한 상황, 국가 간의 전쟁과 유혈 사태, 온갖 이기주의와 고통, 야심과 질투, 낙심한 마음과 적의를 품은 삶, 그리고 매일매일의 불행은 결국 그 기원이 교만에 있습니다. 우리 자신의 교만이든 다른 사람의 교만이든 이 저주받은 지독한 교만이 우리에게 가져다준 것에서 인류의 불행이 비롯되었습니다. 우리에게 속죄가 필요하게 만든 장본인이 바로 교만입니다. 무엇보다도 우리가 구속함을 받아야 하는 이유가 교만에서 기인한다는 뜻입니다. 구속의 필요성을 통찰력 있게 이해하는지 여부는 우리 존재 안으로 들어온 권세의 끔찍한 본질을 아는지에 크게 좌우될 것입니다.

나무는 자기가 뻗어 나온 뿌리에 붙어 있지 않으면 자랄 수가 없습니다. 사탄이 지옥에서 몰고 와 인간의 삶 속으로 던져버린 그 권세는 이 세상 곳곳에서 매일 시시각각 거대한 영향력을 발휘하며 작동하고 있습니다. 인간은 그 힘에 휘둘려 고통받고 두려움에 떨고 그 힘과 싸우고 그 힘에서 벗어나려고 달아납니다. 하지만 우리는 그것이 어디서 기인하는지, 어디에서 그 무시무시한 패권을 휘두르는지 알지 못합니다. 당연히 그 힘을 어디에서 어떻게 극복해야 하는지도 모를 수밖에 없습니다. 교만은 우리 내부는 물론 외부에도 거하는 무서운 영적 권한에 뿌리를 내려 영향을 미칩니다. 우리에게 있는 교만을 고백하고 애통해야 합니다. 또한 교만의 근원이 사탄에게 있음도 알아야 합니다. 혹시나 이런 깨달음 때문에 결국 교만을 정복하거나 쫓아내지 못한다는 깊은 절망감에 몰린다면 이내 새로운 길에 이르게 될 것입니다. 오직 우리의 구원만을 찾을 수 있는 초자연적인 힘, 즉 하나님의 어린 양의 구속에 이르는 길로 단숨에 들어서게 됩니다. 만물의 이면에 도사리고 있는 어둠의 힘을 생각할 때면 자아와 교만의 작용에 항거하는 가망 없는 발버둥은 실로 훨씬 더 절망적인 싸움이 될지도 모릅니다. 하지만 이처럼 깊은 절망은 우리 외부에 있는 힘과 생명을 더 확실히 깨닫게 하며 이를 받아들이게 해줍니다. 사탄과 그의 교만을 몰아내고자 하나님의 어린 양이 이 땅에 가지고 내려오신 천국의 겸손에 대한 큰 깨달음이 찾아옵니다.

나무는 자기가 뻗어 나온 뿌리에 붙어 있지 않으면 자랄 수가 없습니다. 우리 안에 있는 죄의 힘을 알기 위해 첫 번째 아담과 그의 타락을 살펴봐야 함과 동시에 우리 안에 겸손의 생명을 주시는 두 번째 아담과 그분의 능력 또한 잘 알아야 합니다. 교만과 마찬가지로 겸손 역시 실제적이고 지속적이며 압도적으로 힘을 발휘한다는 측면에서 볼 때 우리 안에 동일한 영향력을 끼칩니다. 엄밀히 말해서 우리는 아담에게서 생명을 얻고 그의 안에서 생명을 이어온다기보다는 그리스도에게서 비롯된 생명, 그분 안에 있는 생명을 품고 있습니다. 우리는 "그 안에 뿌리를 박으며"(골 2:7) 걷고 "온 몸이 머리로 말미암아 마디와 힘줄로 공급함을 받고 연합하여 하나님이 자라게 하시므로"(골 2:19) 나날이 자라가야 합니다. 성육신으로 인간의 본성에 자리 잡은 하나님의 생명은 곧 뿌리입니다. 우리는 그 생명을 뿌리로 삼아 바로 서서 자라나야 합니다. 성육신을 통해 역사했고 그 후 부활의 시점까지 이어진 전지전능한 권능이 날마다 우리 안에서 동일하게 역사합니다. 우리에게 필요한 한 가지는 그리스도 안에 밝히 드러난 생명을 배우고 알고 이를 믿는 것입니다. 이제 우리 것이 된 그 생명은 우리의 온 존재를 소유하고 장악하고자 우리의 동의를 기다리고 있습니다.

이런 관점에서 볼 때, 다음 이야기는 상상할 수도 없을 만큼 아주 중요한 부분입니다. 우리는 그리스도가 누구인지, 정말로 무엇이 그분을 그리스도가 되게 하는지 올바로 생각해야 합니다. 그리고 특히 우리의 구원자이신 그분이 보여주는 모든 성품의 근원과 본질, 즉 그분의 주된 성품으로 여길 만한 것이 무엇인지를 제대로 생각해봐야 합니다. 그에 대한 답은 단 한 가지입니다. 바로 그리스도의 겸손입니다. 그분의 거룩한 겸손과 자기를 비우시고 인간이 되신 것 말고 대체 무엇이 성육신이겠습니까? 이 땅에 사신 그분의 삶이 겸손 그 자체 아닐까요? 종의 형체를 취하신 것은 어떻습니까? 그분의 속죄하심을 겸손 말고 무엇이라 칭할 수 있을까요? 그분은 "자기를 낮추시고 죽기까지 복종"하셨습니다(빌 2:8). 그리스도의 승천이요 영광이라 함은 곧 보좌에 올라 영광의 면류관을 쓴 겸손 말고 무엇이겠습니까? 그리스도가 자기를 낮추시자 "하나님이 그를 지극히 높여"주셨습니다(빌 2:9). 아버지 되신 하나님과 함께 계셨던 천국에서든, 인간의 몸으로 이 땅에 태어나 공생애를 살다 죽음을 맞을 때든, 부활해서 보좌에 앉으실 때든 그 모든 순간순간 그리스도에게는 겸손밖에 없습니다. 예수님은 인간의 본성으로 육화된 하나님의 겸손입니다. 또한 우리를 얻고 섬기고 구원하고자 자기를 낮추시고 온유함과 관대함으로 옷 입으신 영원무궁한 사랑입니다. 하나님의 사랑과 겸손으로 말미암아 그리스도는 모든 이들에게 은혜를 베풀고 도움을 주는 종이 되시므로 예수님은 당연히 인간의 모습을 띤 겸손 그 자체가 되셨습니다. 그분은 보좌 가운데 앉으신 중에도 온유하고 겸손한 하나님의 어린 양이십니다.

겸손이 나무의 뿌리라면 그 나무의 본질은 가지와 잎사귀, 그리고 열매로 나타나야 합니다. 또한 겸손이 예수님의 삶을 전부 아우르는 우선적인 은총이고, 예수님의 속죄에 담긴 비밀이라면 영적인 삶의 건전함과 강인한 기운은 우리가 이 은총을 우선에 두는지에 전적으로 좌우될 것입니다. 또한 겸손이라는 부분을 우리가 가장 사모하는 예수님의 성품이자 우리가 그분께 구하는 가장 중요한 것, 그리고 다른 모든 것을 희생해서라도 구해야 할 것으로 삼는지 역시 영적 삶의 강건함에 중대한 역할을 합니다. (NOTE 2 참조)

그리스도의 삶에서 가장 중요한 근원이었던 '겸손'이 방치되는데, 그리스도인의 삶이 너무나 연약하고 무익한 모습으로 드러나는 현실이 과연 놀라운 일이겠습니까? 그리스도가 겸손 안에서 구원의 기쁨을 발견하고 이 땅에 겸손을 가져오셨지만, 정작 겸손을 구하는 이가 별로 없다면 구원의 기쁨을 느끼는 이 역시 거의 없다는 의미도 될 것입니다. 기독교 신앙이 세상을 넓은 품에 감싸기를 바란다면 전제 조건이 있습니다. 다름 아닌 자아의 최후이자 자아의 죽음에 근거한 겸손을 구하는 것입니다. 예수님이 행하셨듯이 오직 하나님께 비롯되는 영광을 구하고자 인간의 모든 명예를 포기하는 겸손, 하나님이 전부가 되시고 주 하나님만이 높임 받으시도록 겸손 자체는 전적으로 아무것도 아닌 것이 되게 하는 겸손을 구해야 합니다. 우리는 그리스도 안에서 다른 크나큰 기쁨을 구하기에 앞서 무엇보다도 겸손을 구해야 하며, 어떤 대가를 치르더라도 그 겸손을 기쁘게 맞아들여야 합니다. 이런 자세가 전제되지 않으면 신앙으로 세상을 이겨낼 가망은 거의 없습니다.

이 글을 읽는 형제자매 가운데 아직 겸손에 대한 갈급함을 느껴본 적이 없는 이들을 위해 진심으로 간청합니다. 예수님의 이름으로 부름 받은 이들 안에서 과연 온유하고 겸손한 하나님의 어린 양의 심령을 얼마나 확인할 수 있는지 잠시나마 숙고해보십시오. 사랑이 부족하고 다른 사람들의 요구와 감정과 연약함에 무관심한 모습, 솔직함과 정직함을 구실로 허구한 날 성급한 판단과 발언을 쏟아내는 모습, 있는 대로 성질을 내고 성깔을 부리고 안달하는 모습, 온갖 신랄한 말을 뱉으며 반목을 일으키는 모습에 대해 생각해보아야 합니다. 결국 이 모든 것은 이기적인 속성을 지닌 교만에 뿌리내리고 있습니다. 극악무도하다는 표현까지 쓰지는 않겠지만 음험한 교만이 거의 모든 곳에 스멀스멀 기어들어 어떻게 영향을 미치는지 보게 되겠지요. 그 영향권에는 성도들의 모임도 예외가 아닙니다. 우리 안에, 우리 주변에, 또는 형제자매 된 성도들과 세상을 향해 역사할 때 믿는 자들이 진정 영원토록 예수님의 겸손을 길잡이 삼아 인도하심을 받는다면 과연 그 결과는 어떠할지 자문해봅시다. 그리고 마음을 다해 밤낮으로 울부짖는 소리가 "오! 내 안에, 나를 둘러싼 모든 곳에 예수님의 겸손이 자리하시기를!"이라는 간구면 안 될까요? 예수님의 삶의 외관에서 드러나고 그분의 속죄하심에 담긴 모든 특징에서 나타나는 겸손이 우리 자신에게 부족함을 깨닫고 이를 진심으로 바로잡아야 합니다. 그렇게 하면 마치 지금까지 그리스도가 누구인지, 그분의 구원이 무슨 의미인지 제대로 알지 못했다고 느끼게 될 것입니다.

믿음 안에 있는 형제자매여! 예수님의 겸손을 배웁시다. 이것이 곧 여러분의 구원이 품은 비밀이자 그 구원 안에 감추어진 근원입니다. 날마다 겸손 안에 더 깊이 잠겨야 합니다. 하나님이 여러분에게 보내주신 그리스도, 그분의 거룩한 겸손이 여러분을 위해 역사하시는 바로 그 순간, 그리스도가 여러분 안에 들어와 거하시며 역사하실 뿐 아니라 하나님이 아버지가 원하시는 모습으로 빚으실 것을 전심으로 믿으십시오.

NOTE 2

두 가지를 알아둬야 한다. 첫째, 우리의 구원은 전적으로 우리 자신에게서 벗어나 구제받거나 본래의 우리 모습으로부터 자유를 얻어 구함을 받는 것이다. 둘째, 말로 형언할 수 없는 하나님의 겸손 말고는 본질적으로 우리의 구원이나 구원자가 될 수 있는 것은 없다. 그러므로 구세주 예수님이 타락한 인간에게 주신 불변의 첫 번째 조건은 이것이다. "자기 자신을 부인하는 사람이 아니고서는 나의 제자가 될 수 없다." 자아는 타락한 본성을 고스란히 담고 있는 악이다. 자기 부인이란 우리가 구원받을 수 있는 능력을 말한다. 겸손은 우리의 구원자다. …… 자아는 인간의 타락한 상태를 나타내는 모든 악의 뿌리요, 가지요, 나무 그 자체다. 타락한 천사와 인간의 모든 악은 자아의 교만에서 태어난다. 반면에 천국의 모든 덕은 곧 겸손의 덕을 가리킨다. 천국과 지옥 사이에 건널 수 없는 심연을 만드는 것은 오직 겸손뿐이다. 그렇다면 영생을 위한 힘겨운 고군분투는 무엇일까? 그 싸움은 어디에서 벌어질까? 바로 교만과 겸손 사이의 다툼 안에 모든 것이 있다. 교만과 겸손은 두 개의 힘 있는 열강이자 인간에 대한 영원한 소유권을 두고 싸우는 두 개의 세계나 다름없다. 오직 하나의 겸손, 그리스도의 겸손만이 있을 뿐이다. 인간이 자신의 모든 것을 그리스도로부터 얻기 전에는 교만과 자아가 인간의 모든 것을 소유한다. 따라서 인간은 자기 안에 생명을 가져다주신 그리스도의 신비한 겸손을 무기 삼아, 아담에게서 비롯된 자기 맹신의 본성을 죽이기 위해 선한 싸움을 할 뿐이다.

- 윌리엄 로, 「Address to the Clergy」

03
예수님의 삶 속에 나타난 겸손
Humility in the Life of Jesus

"그러나 나는 섬기는 자로 너희 중에 있노라"
눅 22:27

요한복음에는 우리 주님의 내적인 삶이 잘 나타나 있습니다. 예수님은 하나님 아버지와 자신의 관계에 대해, 그분을 인도하는 동인에 대해, 그리고 그분이 역사하시는 능력과 영을 의식하는 것에 대해 자주 말씀하십니다. 겸손이라는 말이 드러나 있지는 않으나 성경 전체에서 요한복음만큼 예수님의 겸손을 더없이 분명하게 보여주는 말씀도 없을 것입니다. 우리가 앞서 살펴보았듯이, 사실 겸손의 은혜란 하나님이 모든 것이 되시도록 하는 피조물의 순전한 동의입니다. 이는 오직 하나님의 역사하심만을 위해 피조물이 자기 자신을 다 내어 드리기 때문에 가능한 동의입니다. 우리는 예수님 안에서 두 가지 모습을 확인하게 됩니다. 천국에서는 하나님의 아들로서, 땅에서는 인간으로서 전적인 복종의 자리에 계셨으며 하나님께 합당한 영광과 찬미를 올려드렸습니다. 예수님이 자주 전하신 가르침은 그분 스스로 충실히 지킨 말씀이었습니다. "자기를 낮추는 자는 높아지리라"(눅 18:14), 그리고 "자기를 낮추시고 죽기까지 복종하셨으니 …… 이러므로 하나님이 그를 지극히 높여"(빌 2:8~9)주셨다는 말씀을 확인할 수 있습니다.

예수님이 하나님 아버지와 자신의 관계에 대해 말씀하시는 부분을 잘 들어보십시오. 자신에 대해서 줄곧 '아니다', '아무것도 아니다'라는 표현을 사용하고 계십니다. 사도 바울이 그리스도와 자신의 관계를 표현할 때 쓴 '내가 아니라(not I)'라는 표현은 예수님이 자신과 하나님의 관계를 말씀하신 바로 그 마음을 나타냅니다.

"아들이 아버지께서 하시는 일을 보지 않고는 아무것도 스스로 할 수 없나니"(요 5:19).

"내가 아무것도 스스로 할 수 없노라. 듣는 대로 심판하노니 나는 나의 뜻대로 하려 하지 않고 나를 보내신 이의 뜻대로 하려 하므로 내 심판은 의로우니라"(요 5:30).

"나는 사람에게서 영광을 취하지 아니하노라"(요 5:41).

"내가 하늘에서 내려온 것은 내 뜻을 행하려 함이 아니요"(요 6:38).

"내 교훈은 내 것이 아니요 나를 보내신 이의 것이니라"(요 7:16).

"내가 스스로 온 것이 아니니라"(요 7:28).

"내가 스스로 아무것도 하지 아니하고"(요 8:28).

"나는 스스로 온 것이 아니요 아버지께서 나를 보내신 것이니라"(요 8:42).

"나는 내 영광을 구하지 아니하나"(요 8:50).

"내가 너희에게 이르는 말은 스스로 하는 것이 아니라"(요 14:10).

"너희가 듣는 말은 내 말이 아니요"(요 14:24).

이 같은 말씀들은 그리스도의 생애와 사역의 가장 깊은 근원을 우리에게 밝히 보여줍니다. 전능하신 하나님이 어떻게 예수님을 통해 놀라운 구속 사역을 행하실 수 있었는지 전해주는 말씀들입니다. 예수님이 하나님 아버지의 아들로서 갖춰야 할 마음가짐으로 무엇을 중요하게 여기셨는지 보여주는 말씀이기도 합니다. 이 말씀들은 '그리스도가 성취하셨고 현재 우리에게 전해주시는 구속의 본질적인 속성과 생명이 무엇인지'에 대해 우리에게 가르쳐주고 있습니다. 그것은 곧 하나님이 가장 중요한 존재가 되시도록 예수님 자신은 아무것도 아닌 존재가 되었다는 뜻입니다. 예수님은 자기 안에 역사하시는 하나님 아버지만을 위해 자신의 뜻과 권세를 포기하셨습니다. 예수님은 자신의 능력과 의지와 영광, 일과 가르침, 그리고 모든 사명에 대해 이렇게 말씀하셨습니다. "내가 아니다. 나는 아무것도 아니다. 아버지께서 역사하시도록 나 자신을 다 드렸노라. 나는 아무것도 아니요, 아버지가 전부시니라."

그리스도는 전적으로 자기를 부정하며 아버지의 뜻에 절대 복종하고 의지하는 삶 속에서 온전한 평화와 기쁨의 삶을 발견하셨습니다. 그는 하나님께 모든 것을 바쳤기에 아무것도 잃지 않으셨습니다. 하나님은 그리스도의 신뢰를 귀히 여기셨고 그를 위해 모든 것을 하신 다음 높이 올리셔서 영예롭게 자신의 오른편에 앉히셨습니다. 그리스도는 하나님 앞에 자신을 낮추셨고 하나님이 늘 그분 앞에 계셨기 때문에 사람 앞에서도 자신을 낮추사 모든 이들의 종이 될 수 있다고 여기셨습니다. 그리스도의 겸손은 그저 하나님께 자신을 내어드리고, 주변 사람들이 하나님에 대해 뭐라고 하든, 그들이 하나님께 무슨 일을 하든 상관없이 오직 하나님이 기뻐하시는 대로 자기 안에 하나님이 역사하시도록 하는 것이었습니다.

바로 이러한 마음 상태, 이러한 정신과 성품 안에서 그리스도의 구속이 고결함과 힘을 지니게 됩니다. 우리가 그리스도와 함께하는 사람이 됨은 이런 성품에 이르기 위함입니다. 이것은 곧 우리의 구원자가 우리에게 요구하시는 진정한 자기 부정입니다. 또한 우리의 자아가 하나님이 채워주셔야만 하는 빈 그릇의 역할을 할 뿐 그 안에 아무런 선한 것도 품지 않고 있으며, 무엇이 된다거나 무엇을 하겠다는 자아의 주장이 한순간도 받아들여질 수 없음을 인정하는 것이기도 합니다. 예수님을 따르는 것은 다른 무엇보다도 바로 이런 자기 부정 안에서 이루어집니다. 하나님이 모든 것이 되시도록 우리는 아무것도 되지 않고 아무것도 하지 않는 것입니다.

바로 여기에 참된 겸손의 근원과 본질이 있습니다. 우리의 겸손이 너무나 피상적이고 연약한 이유는 앞서 살펴본 겸손의 참모습을 제대로 이해하지 못하고 이를 열심히 구하지도 않기 때문입니다. 우리는 예수님의 심령이 얼마나 온유하고 겸손한지 그분에 대해 배워야 합니다. 예수님은 참된 겸손이 어디서부터 시작되고 어디서 그 겸손의 능력을 발견하는지 우리에게 가르쳐주십니다. 천지만물에 역사하시는 분이 하나님이심을 깨달으며 자신을 완전히 버리고 하나님을 의지하는 것이 우리 본분임을 알 때, 그리고 우리 스스로는 아무것도 될 수 없고 아무것도 할 수 없다는 데 온전히 동의할 때 예수님은 진정한 겸손에 대해 가르쳐주십니다. 이런 삶이 우리에게 너무 높은 목표처럼 보여 감히 닿을 수 없는 듯 느껴진다면 이는 곧 우리로 하여금 그리스도 안에서 더욱 열심히 그 삶을 찾아보라는 요구일 것입니다. 우리 안에 거하시면서 온유하고 겸손한 삶을 사시는 분은 바로 그리스도십니다. 우리가 이처럼 그리스도의 삶과 그분의 내재하심을 간절히 바란다면 다른 무엇보다도 하나님의 본성을 아는 신령한 비밀을 구해야 합니다. 하나님은 매 순간 세상 모든 것에 역사하시는 분입니다. 모든 천지만물은 물론이요 특히 하나님의 모든 자녀들이 증인이 되어야 합니다. 이 모든 존재는 살아계신 하나님이 그분의 풍성한 지혜와 권능, 선하심을 분명히 보여주는 그릇이자 통로의 역할을 할 뿐이라는 비밀을 구해야 합니다. 하나님이 기쁘게 받으시는 모든 예배와 믿음, 모든 덕행과 은혜의 뿌리는 곧 우리가 하나님께 받은 것 외에는 아무것도 가진 게 없음을 알고 하나님이 주실 것을 기다리며 그분을 섬기고자 깊디깊은 겸손 가운데 복종하는 것입니다.

예수님이 하나님과 교제할 때와 마찬가지로 사람과 교제할 때도 더없이 겸손하셨던 이유는 이러한 겸손이 그저 일시적인 감정이 아니라 예수님의 전 생애를 관통하는 정신이었다는 데 있습니다. 예수님은 스스로를 하나님의 종으로 여기셨습니다. 즉, 하나님이 만드시고 사랑하신 인간들을 위한 종의 신분이 바로 자신의 자리라고 생각하셨습니다. 그러므로 당연히 스스로를 사람의 종으로 여기셨고 자신을 통해 하나님이 사랑의 사역을 행하시게 했습니다. 예수님은 단 한 순간도 자신의 명예를 구하거나 자신의 진정성을 입증하고자 권한을 주장할 뜻을 품은 적이 없습니다. 그분의 전 존재에 깊이 배어든 정신은, 자신의 삶 속에서 하나님이 일하시도록 삶을 전부 내어드리는 것이었습니다. 그리스도인들은 예수님의 겸손을 배워야 합니다. 그 겸손이 곧 그분이 이룬 구속의 핵심이며, 하나님의 아들로 산 삶의 축복이자, 하나님 아버지와의 유일한 참된 관계입니다. 그리고 만약 우리가 예수님의 모습을 일부라도 지녀야 한다면 반드시 우리에게 나눠주실 부분이 겸손임을 알아야 합니다. 그때에야 비로소 실질적이고 신령하고 분명한 겸손의 모습이 우리에게 턱없이 부족하다는 사실이 무거운 부담이자 슬픔으로 다가올 테고, 그리스도가 우리 안에 계시다는 가장 중요한 첫 번째 표식인 겸손을 확실히 얻고자 일상적인 신앙생활은 옆으로 제쳐둘 것입니다.

형제자매 여러분! 겸손으로 덧입은 삶을 사십니까? 각자의 일상생활을 살펴보십시오. 예수님께 묻고 주변 친구들에게 물어보십시오. 그리고 이 세상을 향해 물어보십시오. 여러분이 미처 알지 못했던 신령한 겸손이 예수님 안에 있는 여러분에게 활짝 열려 있습니다. 지금까지 여러분이 전혀 맛볼 수 없었던 하늘의 축복이 그 겸손을 통해 여러분을 찾아갑니다. 이 모든 것이 곧 우리가 하나님을 찬양해야 할 이유입니다.

그리스도는 하나님 앞에 자신을 낮추셨고

하나님이 늘 그분 앞에 계셨기 때문에

사람 앞에서도 자신을 낮추사

모든 이들의 종이 될 수 있다고 여기셨습니다.

04 예수님의 가르침 속에 나타난 겸손

Humility in the Teaching of Jesus

"나는 마음이 온유하고 겸손하니 나의 멍에를 메고 내게 배우라"
마 11:29
"너희 중에 누구든지 으뜸이 되고자 하는 자는 너희의 종이 되어야 하리라.
인자가 온 것은 섬김을 받으려 함이 아니라 도리어 섬기려 하고
자기 목숨을 많은 사람의 대속물로 주려 함이니라"
마 20:27~28

그리스도가 우리에게 그의 심중을 드러낸 모습에서 확인할 수 있다시피 우리는 그분의 삶 속에서 겸손을 보았습니다. 이제 그분의 가르침에 귀 기울여봅시다. 우리는 그 가르침 속에서 예수님이 겸손에 대해 어떻게 말씀하시는지, 사람들 특히 그분의 제자들이 자신처럼 겸손해지기를 얼마나 바라셨는지 듣게 됩니다. 앞으로 다룰 성경 말씀을 주의 깊게 살펴보길 바랍니다. 인용하는 수준에서 멀리 나아가지 않는데도 이 구절들은 예수님이 겸손에 대해 얼마나 자주, 얼마나 진지하게 가르치셨는지 확실히 실감할 수 있게 합니다. 예수님이 우리에게 바라시는 바를 깨닫는 데 도움이 될 것입니다.

1. 예수님의 사역이 시작된 부분을 보십시오. 산상수훈의 문을 여는 팔복을 전하는 말씀에서 예수님은 "심령이 가난한 자는 복이 있나니 천국이 그들의 것임이요 …… 온유한 자는 복이 있나니 그들이 땅을 기업으로 받을 것임이요"(마 5:3, 5) 이렇게 말씀하십니다. 천국에 대해 선포하시는 예수님의 첫 말씀은 열린 문에 대해 알려줍니다. 우리는 그 문을 통해서만 천국에 들어가게 됩니다. 본래 아무것도 갖지 못한 가난한 자들에게 천국이 임합니다. 자기 안에서 아무것도 구하지 않는 온유한 자들이 땅을 얻게 됩니다. 하늘의 축복과 땅의 축복은 겸손한 자들의 것입니다. 천국의 삶과 이 세상의 삶에서 겸손은 곧 축복의 비결입니다.

2. "나는 마음이 온유하고 겸손하니 나의 멍에를 메고 내게 배우라. 그리하면 너희 마음이 쉼을 얻으리니"(마 11:29).

예수님은 자신을 선생으로 나타내십니다. 우리가 예수님을 스승으로 삼고 그분에게서 배울 수 있는 정신이 무엇인지 예수님이 말씀해주십니다. 그분이 우리에게 내보이신 온유와 겸손 안에서 우리는 영혼이 온전히 안식한다는 것을 깨닫습니다. 겸손은 곧 구원이 됩니다.

3. 천국에서 누가 가장 크냐는 문제를 두고 제자들이 변론을 벌이다가 스승에게 묻기로 했습니다(눅 9:46, 마 18:1). 예수님이 한 어린아이를 불러 제자들 가운데 세우고 이렇게 말씀하셨습니다.

"그러므로 누구든지 이 어린아이와 같이 자기를 낮추는 사람이 천국에서 큰 자니라"(마 18:4).

"천국에서는 누가 크니이까?" 이 물음은 참으로 광범위한 질문입니다. 천국에서 가장 중요하게 눈에 띄는 점은 무엇일까요? 예수님 외에는 누구도 답을 할 수 없었겠지요. 천국에서 가장 큰 영광이자 참된 경건함, 가장 중요한 은혜는 바로 겸손입니다.

"너희 모든 사람 중에 가장 작은 그가 큰 자니라"(눅 9:48).

4. 세베대의 아들 야고보와 요한이 예수님께 나아와 청하기를, 천국의 가장 높은 자리인 예수님의 오른편과 왼편에 자기들을 앉혀 달라고 했습니다(막 10:35~37). 예수님은 "내 좌우편에 앉는 것은 내가 줄 것이 아니라" 하나님 아버지가 주실 것이며, "누구를 위하여 준비되었든지 그들이 얻을 것"(막 10:40)이라고 말씀하셨습니다.

그들은 영광의 자리를 보아서도, 요구해서도 안 됩니다. 그들은 예수님이 마시는 수치의 잔과 그분이 받는 굴욕의 세례에 대해 생각해야 합니다. 예수님은 이렇게 덧붙이셨습니다. "너희 중에 누구든지 으뜸이 되고자 하는 자는 모든 사람의 종이 되어야 하리라 인자가 온 것은 섬김을 받으려 함이 아니라 도리어 섬기려 하고 자기 목숨을 많은 사람의 대속물로 주려 함이니라"(막 10:44~45).

겸손은 하늘에 계신 그리스도의 표식이므로 천국의 영광에 대한 하나의 기준이 될 것입니다. 가장 낮은 자가 하나님께 가장 가까이 있는 자입니다. 교회에서 제일 귀한 자리는 가장 겸손한 이들에게 주기로 약속된 공간입니다.

5. 그리스도는 모인 무리와 제자들에게 상석을 좋아하는 바리새인들에 대한 말씀을 하시면서 다시 한 번 이렇게 선언하셨습니다. "너희 중에 큰 자는 너희를 섬기는 자가 되어야 하리라"(마 23:11).

겸손은 곧 하나님의 나라에서 영광의 자리에 오르게 하는 단 하나의 사다리입니다.

6. 다른 일로 바리새인의 집에 거하셨던 예수님이 높은 자리에 앉으라는 청함을 받은 손님의 비유를 말씀하시면서(눅 14:1~11), 이렇게 덧붙이셨습니다.

"무릇 자기를 높이는 자는 낮아지고 자기를 낮추는 자는 높아지리라"(눅 14:11).

주님이 요청하신 이 말씀은 불변의 진리입니다. 다른 길은 없습니다. 오직 자기를 낮추는 자만이 높임을 받게 됩니다.

7. 그리스도는 바리새인과 세리의 비유를 전하신 뒤에 또다시 말씀하셨습니다.

"무릇 자기를 높이는 자는 낮아지고 자기를 낮추는 자는 높아지리라"(눅 18:14).

하나님의 임재 가운데 예배하는 자리에서는 하나님과 사람을 향한 깊고 진실된 겸손이 충만하지 않은 것은 전부 다 무의미할 뿐입니다.

8. 예수님은 제자들의 발을 씻기신 후에 이렇게 말씀하셨습니다.

"내가 주와 또는 선생이 되어 너희 발을 씻었으니 너희도 서로 발을 씻어 주는 것이 옳으니라"(요 13:14).

예수님이 전하신 명령의 권위, 순종의 본보기와 모든 사상에 힘입어 겸손은 예수님의 제자가 되는 길에서 가장 본질적인 요소가 됩니다.

9. 유월절 만찬 자리에서도 제자들은 여전히 누가 가장 큰 자냐는 문제로 다툼을 벌였습니다. 이를 보고 예수님은 이렇게 말씀하셨습니다.

"너희 중에 큰 자는 젊은 자와 같고 다스리는 자는 섬기는 자와 같을지니라 앉아서 먹는 자가 크냐 섬기는 자가 크냐 앉아서 먹는 자가 아니냐 그러나 나는 섬기는 자로 너희 중에 있노라"(눅 22:26~27).

예수님이 걸어가신 길, 우리에게 활짝 열어두신 그 길은 바로 겸손입니다. 우리를 구원해주신 권능과 정신도 겸손입니다. 그 겸손이 우리로 하여금 모든 이들의 종이 되게 합니다.

이런 진리의 말씀이 전해지는 경우가 얼마나 드문지 모릅니다. 겸손을 실천하는 경우도, 겸손이 부족하다고 느끼거나 이를 고백하는 경우도 많지 않습니다. 그렇다고 예수님의 겸손을 통해 그분과 어느 정도 닮은 모습을 이뤄내는 이가 거의 없다는 말을 하는 게 아닙니다. 하지만 겸손을 확실한 기도의 목적으로 삼아 끊임없이 간구하겠다는 생각을 하는 사람은 거의 없다시피 합니다. 이 세상 사람들도 겸손의 실체를 본 적이 별로 없습니다. 더구나 교회의 핵심적인 사람들 내에서조차 겸손을 확인할 길이 없습니다.

"너희 중에 누구든지 으뜸이 되고자 하는 자는 모든 사람의 종이 되어야 하리라"(막 10:44).

예수님이 진심으로 전하신 이 말씀을 믿게 해주시는 분이 바로 하나님이시겠지요! 우리는 충성스러운 종이나 노예의 특징이 무엇인지 잘 알고 있습니다. 주인의 이익을 위해 헌신하고 주인을 기쁘게 하고자 사려 깊게 살피고 마음을 쓰며 주인의 성공과 명예와 행복에 기뻐하는 자입니다. 이러한 성품을 보여주며 종의 이름을 오직 영광으로만 여기는 종들이 이 땅에 있습니다. 우리 자신을 하나님의 종으로, 노예로 내어드릴 수 있음을 알고 그분의 종이라는 신분이 우리를 죄와 자아에서 해방시켜주는 최고의 자유임을 깨닫는 것이야말로 그리스도인의 삶에서 새로운 기쁨이 아닐까요?

이제 우리에게는 한 가지 가르침이 더 필요합니다. 예수님은 우리를 서로서로의 종이 되라고 명하십니다. 우리가 이 명을 진심으로 받아들일 때 이런 섬김 또한 크나큰 축복이 됨은 물론 죄와 자아에서 벗어나는 새롭고 충만한 자유가 되리라는 가르침입니다. 처음에는 이 가르침을 따르기 어려워 보일지도 모릅니다. 바로 교만 때문입니다. 아직도 교만 자체를 대단한 것으로 여기는 마음이 남아 있어서입니다. 하나님 앞에서 아무것도 아니라는 사실이 곧 피조물의 영광이요 예수님의 정신이며 천국의 기쁨임을 깨닫는다면, 심지어 우리를 괴롭히려고 안간힘을 쓰는 이들을 섬길 때 필요한 훈련도 진심으로 기쁘게 받을 것입니다. 우리 심령이 이 같은 참된 성화 위에 자리를 잡는다면 겸손에 대한 예수님의 말씀 하나하나를 새로운 마음으로 열심히 배울 수 있습니다. "나는 섬기는 자로 너희 중에 있노라"(눅 22:27) 하고 말씀하신 예수님과 우리가 교제를 나누고 이를 입증한다면 감내하지 못할 낮은 자리란 없습니다. 아무리 깊이 허리를 숙여야 한대도 상관없으며 섬김의 자리가 아무리 비천하고 오래 지속되더라도 개의치 않게 됩니다.

형제자매 여러분! 이것이 곧 더 고귀한 삶으로 나아가는 길입니다. 낮아지십시오. 더욱 더 낮아지십시오! 이는 천국에서 큰 존재가 되고 예수님의 좌우편에 앉을 생각을 하던 제자들에게 늘 하신 예수님의 말씀입니다. 높아지려고 애쓰지도 말고 구하지도 마십시오. 그것은 하나님의 일입니다. 자신을 낮추고 겸손해지는 길을 찾고 하나님 앞에서나 사람 앞에서 종의 자리 말고는 다른 어떤 자리도 취하지 마십시오. 이것이 곧 여러분의 일입니다. 이 길만을 여러분의 목적과 기도 제목으로 삼아야 합니다. 하나님은 신실하십니다. 물이 항상 가장 낮은 곳을 찾아 그곳을 채우듯 비어 있는 낮은 마음을 하나님이 찾아내시는 순간 그분의 영광과 권능이 그곳으로 흘러들어 낮은 자가 높임을 받고 복을 누리게 됩니다. 자기를 낮추는 자, 곧 단 하나 우리의 관심사가 되어야 할 '낮아짐'을 실천하는 자는 높아질 것입니다. 그것이 바로 하나님이 관심 갖는 부분입니다. 하나님은 전능하신 능력과 크신 사랑으로 그 일을 이루실 것입니다.

간혹 사람들은 겸손과 온유함이 우리에게서 고귀함과 용기와 당당함을 앗아가는 것처럼 말하기도 합니다. 자신을 낮추고 모든 이들의 종이 되는 것이야말로 천국의 고귀함이자 천국의 왕이 보여주신 기품 있는 정신이며 존엄임을 모든 이들이 믿기를 바랍니다! 이것이 곧 우리 안에 늘 임재하시는 그리스도의 기쁨과 영광에 이르는 길이요, 우리 안에 항상 거하시는 그분의 능력이 지닌 기쁨과 영광을 아는 길입니다.

온유하고 겸손하신 예수님은 하나님께 나아가는 길을 자신에게 배우라고 명하십니다. 주님의 가르침이 우리 심령에 충만해질 때까지 지금껏 묵상해온 말씀을 계속 되새겨야 합니다. 우리에게 필요한 한 가지는 다름 아닌 겸손입니다. 예수님이 보여주신 바를 우리에게 주시며 그분의 참모습을 우리에게 나눠주심을 믿읍시다. 온유하고 겸손한 자이신 예수님이 간구하는 심령을 찾아오사 그 안에 거하실 것입니다.

05
제자들 가운데 나타난 겸손
Humility in the Disciples of Jesus

"너희 중에 큰 자는 젊은 자와 같고 다스리는 자는
섬기는 자와 같을지니라"

눅 22:26

우리는 앞에서 인간의 몸으로 오신 예수님의 모습과 그분의 가르침 속에 나타난 겸손에 대해 살펴보았습니다. 이제는 예수님이 택하신 동반자인 열두 사도의 삶에서 겸손을 찾아보기로 합시다. 열두 사도에게서 겸손이 부족한 모습을 확인하는 가운데 그리스도와 인간의 차이가 한층 명확하게 드러난다면, 이는 오순절에 그들에게 일어난 엄청난 변화를 제대로 인식하는 데 도움을 줍니다. 그리고 사탄이 인간에게 불어넣은 교만을 물리친 그리스도의 겸손이 성취한 완전한 승리에 우리가 동참하는 것이 얼마나 실제적인지 입증해줍니다.

예수님의 가르침을 인용한 내용에서 이미 확인했다시피

우리는 예수님의 제자들이 겸손의 은혜라는 측면에서 한결같이 부족한 사람임을 여러 번 확인했습니다. 때로 그들은 누가 큰 자가 되어야 하는지를 두고 언쟁을 벌였고, 또 어떤 때는 세베대의 아들들이 자기 어머니를 대동하고 와서는 으뜸가는 자리, 곧 예수님의 좌우편에 앉혀달라고 청하기도 했습니다. 그리고 마지막 만찬 자리에서도 누가 가장 큰 자의 자리를 차지해야 하느냐며 또다시 논쟁을 벌였습니다.

물론 제자들이 주님 앞에서 진심으로 자신을 낮춘 순간이 전혀 없었던 것은 아닙니다. 베드로가 "주여 나를 떠나소서 나는 죄인이로소이다"(눅 5:8)라고 울부짖던 순간이 바로 그런 때입니다. 폭풍을 잠잠케 하신 예수님 앞에 엎드려 경배한 순간도 마찬가지입니다. 하지만 그렇게 가끔씩 필요할 때만 터져 나오는 겸손의 표현은 평상시에 자아의 위치와 힘이 자연스럽게 자발적으로 드러나는 모습에서 볼 수 있듯 제자들의 평소 마음 상태가 어떠한지 훨씬 뚜렷하게 보여줄 뿐입니다. 이 모든 것의 의미를 살펴보면 더없이 중요한 가르침을 얻게 됩니다.

첫째, 여전히 겸손의 모습이 대단히 부족하지만 그래도 진지하고 적극적인 신앙인의 자세를 보여주는 이들이 많이 있습니다. 제자들을 보십시오. 그들에게는 예수님을 향한 열렬

한 애정이 있었습니다. 그들은 예수님을 위해 모든 것을 버렸습니다. 하나님 아버지는 예수님이야말로 하나님이 보내신 그리스도임을 제자들에게 알리셨습니다. 제자들은 예수님을 믿었고 사랑했고 그분의 명령을 따랐습니다. 예수님을 따르기 위해 모든 것을 버렸습니다. 다른 이들이 자기 길로 다시 돌아갔을 때도 제자들은 예수님 옆에 꼭 붙어 있었습니다. 그들은 예수님과 함께 죽을 준비가 되어 있었습니다. 하지만 이 모든 것 이면의 깊숙한 곳에는 그들이 거의 의식하지 못한 흉측한 존재, 곧 어둠의 힘이 도사리고 있었습니다. 인간을 구하실 예수님의 권능을 증거하는 증인이 되기 전에 먼저 죽여 없애야 할 사악한 권세 말입니다. 지금도 여전히 적용되는 이야기입니다. 성령의 은사를 많이 받고 그 은사가 본인에게 분명히 나타나는 교수, 성직자, 복음전도자, 사역자, 선교사가 있습니다. 이들은 많은 사람들에게 축복을 전해주는 통로 역할을 합니다. 하지만 지극히 힘든 시간이 찾아오거나 좀 더 친밀한 교제를 통해 서로를 더 많이 알게 되면, 이들에게 당연히 변치 않는 특징으로 있어야 할 겸손의 은혜가 사실상 거의 눈에 띄지 않는다는 가슴 아픈 사실을 확인하게 되는 경우가 있습니다. 이 모든 것은 겸손이 가장 중요하고 고귀한 은혜요, 달성하기 가장 힘든 위업이며, 우리가 가장 먼저 최선의 노력을 기울여 이뤄내야 할 목표 중 하나라는 가르침을 확증해줍니다. 참으로 겸손은 성령의 충만함이 우리로 하여금 각자의 마음에 내재하신 그리스도의 동역자가 되게 하시고 그리스도가 우리 안에 거하실 때에야 권능으로 우리에게 오시는 은혜입니다.

둘째, 온갖 외형적인 가르침과 개인적인 노력이 있다 한들 교만을 정복하거나 온유하고 겸손한 심령이 되기에는 얼마나 역부족인지 깨닫게 됩니다. 열두 사도는 3년 동안 예수님의 인도에 따라 훈련받던 이들입니다. 예수님은 제자들에게 가르쳐주길 원하셨던 가장 중요한 내용을 이미 말씀하셨습니다. "나는 마음이 온유하고 겸손하니 내게 배우라."

예수님은 제자들뿐만 아니라 바리새인들을 비롯한 수많은 사람들에게 몇 번이고 겸손에 대해 말씀하셨습니다. 겸손이야말로 하나님의 영광에 이르는 유일한 길이라고 거듭 강조하셨습니다. 예수님은 거룩한 겸손 가운데 하나님의 어린 양으로 살아가는 모습을 제자들 앞에 보이셨을 뿐 아니라, 자기 삶의 가장 깊은 비밀을 그들에게 한 번 이상 보여주시기도 했습니다. 그 비밀은 "인자가 온 것은 섬김을 받으려 함이 아니라 도리어 섬기려 하고"(막 10:45), "나는 섬기는 자로 너희 중에 있노라"(눅 22:27) 같은 말씀에 잘 나타납니다. 예수님은 제자들의 발을 씻기시고 자신이 몸소 보이신 본을 제자들도 따라야 한다고 말씀하셨습니다. 그렇지만 이 모든 가르침은 별 소용이 없었습니다. 제자들은 성만찬 자리에서까지 누가 가장 크냐는 문제로 계속 언쟁을 벌였습니다. 물론 그들은 틀림없이 예수님의 가르침을 배우고자 노력하고 다시는 예수님이 마음 아파하지 않게 하리라 굳게 결심했지만, 모두 허사였습니다.

제자들과 우리에게 꼭 필요한 가르침이 있습니다. 외형적인 가르침은 그것이 비록 그리스도가 지시하신 내용이라 할지라도 표면적인 데 그친다면 교만의 악을 몰아낼 수 없습니다. 제아무리 설득력 있는 주장도 불가능합니다. 겸손의 미덕을 인식하는 마음이 아무리 깊더라도, 인간적인 결심이나 노력이 아무리 진실하고 열성적이더라도 교만을 쫓아내지 못합니다. 사탄이 사탄을 쫓아내면 더욱 더 강력한 힘을 지닌 새로운 사탄이 들어오고 맙니다. 비록 힘을 숨기고는 있겠지만 더 힘센 존재가 찾아옵니다. 거룩한 겸손 안에 거한 새로운 본성이 능력 가운데 모습을 드러내 옛 본성의 자리를 대신하고, 옛 본성이 그랬듯 진정으로 우리 자신의 본성이 되는 길 말고는 아무것도 소용이 없습니다.

셋째, 거룩한 겸손 안에 거하시는 그리스도의 내재하심을 통해서만 우리는 진실로 겸손해집니다. 우리는 다른 존재, 즉 아담에게서 교만을 물려받았으므로 겸손 또한 다른 존재로부터 전달받아야 합니다. 교만이 곧 우리 자신이요 본성 그 자체이기 때문에 교만이 우리 것이 되고 우리 안에서 무시무시한 권세를 휘두릅니다. 겸손도 똑같은 방식으로 우리 것이 되어야 합니다. 겸손이 바로 우리 자아요, 본성 자체가 되어야 합니다. 교만해지기가 그토록 자연스럽고 쉬웠던 것처럼 겸손해지는 과정 역시 자연스럽고 수월해야 합니다. 그래야 하고, 분명 그렇게 될 것입니다.

우리에게 주신 약속의 말씀이 있습니다. "죄가 더한 곳에 은혜가 더욱 넘쳤나니"(롬 5:20)라는 말씀입니다. 제자들에게 전하신 그리스도의 모든 가르침과 제자들의 온갖 헛된 노력은 그리스도가 제자들의 심령으로 들어갈 준비를 하는 데 꼭 필요했습니다. 예수님께 배운 대로 제자들이 간절히 구해야 할 것을 그들에게 주시고 그것이 그들 안에 거하게 하기 위함이었습니다. 그리스도는 죽음으로 사탄의 권세를 멸하시고 죄를 없애셨으며 영원한 구속을 이루셨습니다. 또한 부활하심을 통해 아버지께 완전히 새로운 삶을 받으셨습니다. 그것은 하나님의 권능 안에 있는 인간의 삶이었습니다. 인간에게 전해지고 인간의 삶으로 들어가 인간을 새롭게 하고 하나님의 거룩한 힘으로 인간의 삶을 충만하게 채울 수 있는 하나님의 권능 속에 자리한 삶이었습니다.

그리스도는 승천하심으로 아버지의 영을 받으셨습니다. 이 땅에 계시는 동안 할 수 없던 일을 그 영을 통해 행하시고 그가 사랑하신 자들과 스스로 한 몸이 되어 사실상 그들을 위해 살아가셨습니다. 그들 안에 살아 숨 쉬는 분이 바로 그리스도 자신이었기에 사람들은 그분이 보여주신 모범처럼 겸손 가운데 하나님 아버지 앞에 살아갈 수 있었습니다. 그리고 오순절에 찾아오신 그리스도는 그들의 모든 것을 취하셨습니다. 준비하고 확신하게 하심, 다시 말해 그분의 가르침이 이루신 대로 열망과 소망을 깨닫게 하심은 오순절 성령 강림의 크나큰 변화로 완성되었습니다. 베드로와 야고보, 요한의 삶과 그들의 편지는 모든 것이 변화하였다는 사실을 증거하고 있습니다. 그리고 순종의 자세로 고난을 받으시는 예수님의 영이 참으로 그들을 소유하셨다는 것 또한 증언합니다.

이런 내용을 보며 우리는 뭐라고 말해야 할까요? 이 책을 읽는 독자들 가운데에도 분명 여러 부류가 있겠지요. 앞서 다룬 문제에 대해 특별히 생각해본 적이 한 번도 없거니와 교회와 성도들에게 해당되는 삶의 문제로서 그것이 무척 중요하다는 사실 또한 즉시 깨닫지 못하는 사람들이 있습니다. 자신의 결점 때문에 스스로 구제받기 힘든 존재라고 느끼며 진심 어린 노력을 쏟았으나 결국 실패를 맛보고 낙심한 이들도 있습니다. 또 어떤 사람들은 영적 축복과 능력을 기쁘게 증거할 수는 있지만 그들 주변인의 눈에 여전히 부족하게 보이는 자신의 모습을 절대 자각하지 못하기도 합니다. 그리고 또 어떤 이들은 우리에게 허락된 은혜에 관하여 하나님이 구원과 승리를 허락하신 동시에 예수님의 완전하심으로부터 아직도 얼마나 많은 것을 필요로 하고 기대해야 할지 가르쳐주셨음을 증언할 수 있습니다.

우리가 어떤 부류에 속하든 제가 모두에게 강권하는 바가 있습니다. 그리스도께서 아주 중요하게 여기시는 것 안에 겸손이 차지하는 특별한 위치가 있으며 이에 대해 더욱 확고한 신념을 가지고자 모든 노력을 기울이는 것이 우리의 급선무임을 알아야 합니다. 그리스도의 겸손이 그분의 가장 중요한 영광이요, 그분이 내리신 첫 번째 명령이자, 우리가 허락받은 최고의 축복임을 인식하지 못하는 한 교회나 성도 모두 그리스도가 원하는 모습이 되는 것은 불가능합니다. 겸손의 은혜가 형편없이 부족한 가운데 제자들이 과연 얼마나 앞으로 나아갔는지 곰곰이 생각해봅시다. 다른 은사에 만족하지 않도록 하나님께 기도할 때입니다. 하나님의 권능이 힘 있는 사역을 펼칠 수 없는 데는 숨겨진 원인이 있습니다. 그것이 겸손의 부재라는 사실을 우리는 결코 이해하지 못합니다. 이 또한 우리가 기도해야 할 이유입니다. 하나님의 아들처럼 우리가 스스로는 아무것도 할 수 없음을 진심으로 깨닫고 그 사실을 확실히 드러내는 곳에서만 하나님이 모든 것을 행하시게 됩니다. 내주하시는 그리스도의 진리가 성도들의 경험에서 마땅히 있어야 할 자리를 차지하고 있을 때라야 비로소 교회는 아름다운 옷을 입게 되고 겸손은 교회의 스승과 성도들 안에서 거룩한 아름다움으로 모습을 보이게 됩니다.

06
일상생활 속의 겸손

Humility in Daily Life

"보는 바 그 형제를 사랑하지 아니하는 자는
보지 못하는 바 하나님을 사랑할 수 없느니라"

요일 4:20

우리가 날마다 사람들과 나누는 교제와 그 교제 안에 나타나는 사랑이 곧 하나님을 향한 우리의 사랑을 측정하는 척도가 된다는 생각은 참으로 큰 의미를 전합니다. 곁에 있는 사람들과 함께하는 일상생활의 시험을 견딜 때 하나님을 향한 사랑의 진실성이 증명되지 않는다면 그 사랑은 한낱 망상으로 드러날 것이라는 생각 또한 묵직한 울림을 전합니다. 이는 겸손에 관해서도 똑같이 적용할 수 있는 내용입니다. 하나님 앞에 겸손해지기는 쉽습니다. 사람들을 향한 겸손은 하나님 앞에 선 우리의 겸손이 진짜인지를 충분히 증명하는 유일한 증거가 됩니다. 또한 겸손이 우리 안에 거하며 실로 우리의 본성이 되었는지, 실제로 우리가 그리스도처럼 아무런 명성을 구하지 않는 모습을 갖췄는지 판가름해줍니다. 하나님의 임재 안에서 나타나는 겸손한 마음이 그저 하나님께 기도하는 자세가 아니라 우리 삶을 관통하는 정신이 될 때라야 그 겸손이 형제자매들을 향하는 우리의 모든 태도에서 분명히 드러나게 됩니다. 이 같은 교훈은 중요한 의미를 띠고 있습니다. 겸손은 기도할 때 하나님 앞에 보이려고 애쓰는 것이 아니라 일상적인 행위 가운데 늘 지니고 실행하는 것입니다. 일상생활의 사소한 일들은 영원을 보여주는 중요한 잣대이자 시험대 역할을 합니다. 그것들이 곧 우리를 사로잡고 있는 정신이 과연 무엇인지를 증명하기 때문입니다. 겸손한 자를 알기 위해, 겸손한 자가 어떻게 행동하는지 알기 위해 우리는 일상생활의 평범한 과정 가운데 그를 본받아야 합니다.

이것이야말로 예수님이 가르치신 바가 아닐까요? 예수님이 겸손의 교훈을 전해주셨던 순간은 바로 제자들이 누가 가장 큰 자인지 논쟁을 벌였을 때, 바리새인들이 잔치에서 상석에 앉길 좋아하고 예배당에서 높은 자리에 앉길 좋아하던 모습을 보셨을 때, 그리고 친히 제자들의 발을 씻는 본을 보이셨을 때였습니다. 하나님 앞에서 겸손하다는 것은 사람 앞에서 겸손한 모습으로 증명되지 않는다면 아무 의미가 없습니다.

이는 사도 바울의 가르침에도 동일하게 나타납니다. 그는 로마의 성도들에게 다음과 같이 전합니다. "존경하기를 서로 먼저 하며"(롬 12:10), "높은 데 마음을 두지 말고 도리어 낮은 데 처하며 스스로 지혜 있는 체 하지 말라"(롬 12:16). 고린도의 성도들에게는 "사랑은 자랑하지 아니하며 교만하지 아니하며 …… 자기의 유익을 구하지 아니하며 성내지 아니하며"(고전 13:4~5)라고 전합니다. 물론 겸손을 근원으로 삼지 않는다면 사랑도 없습니다. 갈라디아의 성도들에게는 "오직 사랑으로 서로 종 노릇 하라"(갈 5:13), "헛된 영광을 구하여 서로 노엽게 하거나 서로 투기하지 말지니라"(갈 5:26) 하고 권면합니다. 에베소의 성도들에게는 세 장에 걸쳐 천국의 삶에 관한 훌륭한 말씀을 전한 직후 이런 이야기를 이어갑니다. "모든 겸손과 온유로 하고 오래 참음으로 사랑 가운데서 서로 용납하고"(엡 4:2), "항상 아버지 하나님께 감사하며 그리스도를 경외함으로 피차 복종하라"(엡 5:20~21). 빌립보의 성도들에게 전한 말씀은 "아무 일에든지 다툼이나 허영으로 하지 말고 오직 겸손한 마음으로 각각 자기보다 남을 낫게 여기고"(빌 2:3), "너희 안에 이 마음을 품으라. 곧 그리스도 예수의 마음이니"(빌 2:5), "자기를 비워 종의 형체를 가지사 사람들과 같이 되셨고

…… 자기를 낮추시고"(빌 2:7~8)입니다. 골로새의 성도들에게는 "긍휼과 자비와 겸손과 온유와 오래 참음을 옷 입고 누가 누구에게 불만이 있거든 서로 용납하여 피차 용서하되 주께서 너희를 용서하신 것 같이 너희도 그리하고"(골 3:12~13)라는 말씀을 전합니다. 우리의 관계 속에서, 서로를 대하는 태도 속에서 진정으로 낮은 마음과 겸손한 심령이 나타나야 합니다. 예수님이 가르쳐주신 겸손을 우리 이웃에게 드러낼 준비가 돼 있지 않다면 아무리 하나님 앞에 겸손한 모습을 보이더라도 아무 가치가 없습니다. 앞서 나눈 말씀에 비추어 날마다의 삶 속에서 겸손을 배워가야 합니다.

겸손한 사람은 항상 다음의 말씀에 따라 행동하고자 노력합니다.

"존경하기를 서로 먼저 하며, 서로 종 노릇 하라. 자기보다 남을 낫게 여기고, 피차 복종하라."

물론 다음과 같은 질문이 자주 나옵니다. 지혜나 거룩함이나 타고난 재능이나 받은 은혜 면에서 다른 사람들이 우리에 비해 한참 못 미치는 게 보인다면 과연 어떻게 그들을 우리 자신보다 낫게 여길 수 있을까요? 이런 질문을 통해 단번에 드러나는 것은 진실로 마음이 낮아진다는 게 무엇인지 잘 알지 못한다는 사실입니다. 우리가 하나님의 빛 가운데 자기 자신이 아무것도 아님을 보게 될 때, 하나님이 모든 것이 되시도록 자신과 헤어져 자아를 내쳐버리는 데 동의할 때 비로소 진정한 겸손이 찾아옵니다. 이를 수행한 영혼은 "나를 완전히 잊고 주님을 찾는 일에만 몰두했습니다"라고 말할 수 있습니다. 더 이상 다른 사람들과 자신을 비교하지 않게 됩니다. 그 영혼은 하나님의 임재 안에서 자기에 대한 모든 생각을 영원히 포기하게 되었습니다. 아무것도 아닌 존재로서 이웃과 만나며, 하나님의 종일 뿐 아니라 하나님의 뜻을 위한 모든 사람의 종이 되는 자기 자신을 위해서는 아무것도 구하지 않습니다. 충성스러운 종은 그 주인보다 더 지혜로울 수는 있지만 종으로서 지녀야 할 진실된 마음과 태도를 잊지 않는 법입니다. 겸손한 자는 하나님의 모든 자녀를 귀하게 여깁니다. 가장 연약하고 보잘것없는 자라도 그들을 왕의 자녀로 여겨 존중합니다. 제자들의 발을 씻기신 예수님의 마음 덕분에 우리는 가장 낮은 자가 되는 것, 그리고 서로의 종이 되는 것을 우리의 기쁨으로 여기게 됩니다.

겸손한 자는 시기와 질투를 느끼지 않습니다. 다른 이들이 자기보다 먼저 택함을 받고 축복받을 때도 하나님을 찬양합니다. 다른 이들이 칭찬받는 소리를 듣고 자기는 잊히더라도 감내할 줄 압니다. 하나님의 임재 안에서 사도 바울처럼 "나는 아무것도 아니다"라고 말하는 법을 배웠기 때문입니다. 예수님은 자기를 기쁘게 하지도 않으셨고 자신의 영광을 구하지도 않으셨습니다. 겸손한 자는 그런 예수님의 영을 자기 삶의 영으로 받아들였습니다.

곁에 있는 성도들의 결점과 그들이 짓는 죄를 보면서 매정한 생각과 격한 말을 쏟아내고 싶고 조급하고 성마른 모습을 발산하고픈 충동이 솟구치기도 합니다. 그런 가운데에도 겸손한 사람은 그의 마음속에 자주 떠오르는 예수님의 명령, 즉 "서로 용납하여 피차 용서하되 주께서 너희를 용서하신 것같이 너희도 그리하고"(골 3:13)라는 말씀을 간직하며 그 말씀을 자기 삶 속에 밝히 드러냅니다. 그는 주 예수님의 모습을 덧입고서는 "긍휼과 자비와 겸손과 온유와 오래 참음을 옷 입는 것"(골 3:12)을 배웠습니다. 겸손한 자의 경우, 예수님이 그의 자아를 대신하셨으므로 예수님이 용서하셨던 것처럼 누군가를 용서하는 것이 결코 불가능한 일이 아닙니다. 그런 사람의 겸손은 단순히 자기 비하의 생각이나 말에 있는 것이 아니라 사도 바울이 말씀하셨듯 긍휼과 자비와 온유와 오래 참음을 품은 '겸손한 마음'에 있습니다. 하나님의 어린 양의 표식으로 칭함 받는 다정하고 겸허한 관대함 말입니다.

신자들은 보다 높은 차원에서 그리스도인다운 삶을 체험하고자 안간힘을 쓰곤 합니다. 그런 경우 예수님이 하늘에서 가지고 오셔서 처음으로 땅에서 가르치셨고 예수님의 십자가나 자아의 죽음과 더욱 확실히 연결돼 있는 은혜, 즉 보다 심오하고 온화하고 거룩하고 신령한 은혜인 가난한 심령, 온유함, 겸손, 낮은 마음은 거의 생각하지도 않고 귀하게 여기지도 않는 반면, 보다 인간적이라고 불리는 덕목들, 가령 담대함, 기쁨, 세상일에 개의치 않음, 열의, 자기희생 등 예전에 스토아 학파 철학자들이 가르치고 실천했던 미덕을 목표로 삼고 그 안에서 기쁨을 누리는 위험에 빠질 때가 많습니다. 그러므로 긍휼과 자비와 겸손과 온유와 오래 참음으로 옷 입어야 합니다. 잃은 양을 구하려는 열의뿐만 아니라 다른 무엇보다도 주 안에 형제자매 된 자들과 친교하고 주님이 우리를 용서하셨듯이 서로를 참아주고 용서하는 가운데 예수님을 닮은 우리 모습을 증명해 보입시다.

형제자매 여러분, 성경이 제시한 겸손한 자의 모습을 배웁시다. 그런 다음 우리 형제자매들에게, 세상 사람들에게 물어봅시다. 그 본보기가 되는 이의 모습과 닮은 부분이 우리 안에 있는지 알아보겠냐고 물어봅시다. 성경에서 말씀하신 내용 하나하나를 하나님이 우리 안에 역사하실 약속으로 삼고 예수님의 영이 우리 안에 천성의 의미로 주실 말씀 안에 나타나는 계시로 여기는 데 만족합시다. 그리고 각각의 실패와 단점은 그저 우리로 하여금 온유하고 겸손한 하나님의 양을 온유하고 겸손한 자세로 의지하도록 강권하는 계기로 삼읍시다. 예수님을 보좌에 모신 곳에서 그분의 겸손과 관대함이 우리 안에서 흘러나온 생수의 강줄기가 되리라는 확신 안에서 말입니다. [1](1 - "나는 예수님을 알고 있었고 그분은 내 영혼에 더없이 귀중한 존재였습니다. 그러나 다정하고 끈기 있고 상냥한 모습을 간직하지 못하게 하는 무엇인가가 내 안에 있음을 깨달았습니다. 그것을 억누르기 위해 내가 할 수 있는 일은 다 했지만, 그것은 꿈쩍도 하지 않았습니다. 나를 위해 무엇이든 해달라고 예수님께 간청했습니다. 나의 의지를 예수님께 맡기자 그분은 내 마음에 오셔서 다정함과 상냥함과 끈기를 가로막던 모든 것을 없애시고는 문을 단단히 잠그셨습니다." - 조지 폭스 George Foxe)

앞서 나눈 말씀을 다시 한번 되풀이하겠습니다. 하나님이 그의 권능을 입증하시도록 자리를 내어드리는 마음, 즉 우리는 아무것도 아님을 드러내는 이 거룩한 겸손이 부재한 탓에 교회가 어떤 고통을 겪는지 별로 고민하지 않는 우리의 현실을 절감합니다. 최근에 어느 겸손하고 사랑 가득한 마음을 지닌 그리스도인이 깊은 슬픔을 토로한 적이 있습니다. 다양한 협회와 많은 선교 본부를 알고 있던 그는 그 안에 사랑과 관용의 정신이 너무나 부족한 몇몇 사례를 접하고 크나큰 슬픔을 표했습니다. 가령 유럽의 경우, 어떤 이들이 뜻이 맞지 않는 사람들과 가까이 지내게 된 상태에서 교우 관계를 정하자 참아주고 사랑하고 "평안의 매는 줄로 성령이 하나 되게 하신 것을 힘써 지키라"(엡 4:3)는 말씀을 따르기가 힘들다는 것을 깨닫게 됩니다. 그리고 서로의 기쁨이 되는 벗이자 조력자 역할을 해야 했으나 그러지 못했던 이들은 결국 방해물이 되고 상대를 지치게 만드는 장본인이 되고 말았습니다. 이 모든 것에는 단 하나의 이유가 있습니다. 바로 겸손의 부재입니다. 스스로를 아무것도 아니라고 여기고 가장 낮은 존재가 되어 그렇게 여겨지는 가운데 기쁨을 누리는 겸손, 예수님처럼 다른 이들의 종이 되고 조력자가 되고 위로자가 되기만을 바라며 가장 낮은 자이자 보잘것없는 자가 되기 위해 애쓰는 겸손이 없어서입니다.

그리스도를 위해서는 기쁜 마음으로 자기 자신을 포기하는 사람들이 정작 주변의 형제자매를 위해서는 자신을 포기하기가 힘든 이유가 대체 무엇일까요? 이것은 교회의 책임 아닐까요? 여태껏 교회는 그리스도의 겸손이 가장 첫째가는 미덕이요, 성령의 은혜와 권능 가운데 가장 큰 것임을 성도들에게 가르치는 데 소홀했습니다. 교회는 그리스도를 닮은 겸손이야말로 그리스도처럼 교회가 최우선에 두고 말씀을 전해야 하는 주제이며, 그 이유는 곧 그것이 참으로 필요한 일이고 또 가능한 일이라는 데 있기 때문이라는 점을 거의 입증하지 못했습니다. 하지만 낙심하지는 마십시오. 이러한 겸손의 은혜가 부족하다는 사실을 깨달았으니 이제 더욱 분발해 하나님께 더 큰 것을 구하도록 합시다. 우리를 시험하거나 화나게 하는 모든 형제자매들을 하나님의 은혜의 도구로 여깁시다. 우리를 깨끗케 하고 우리의 생명이신 예수님이 우리 안에 불어넣으신 겸손을 훈련하게 하는 하나님의 도구라고 생각합시다. 하나님은 모든 것이요, 우리 자신은 아무것도 아니라는 믿음, 우리 눈에는 우리 자신이 그야말로 아무것도 아니라는 그 믿음을 가져야 합니다. 이는 하나님의 권능 안에서 사랑으로 피차 섬기기만을 구하고자 함입니다.

우리의 관계 속에서, 서로를 대하는 태도 속에서
진정으로 낮은 마음과 겸손한 심령이 나타나야 합니다.
예수님이 가르쳐주신 겸손을 우리 이웃에게 드러낼 준비가 돼 있지 않다면
아무리 하나님 앞에 겸손한 모습을 보이더라도 아무 가치가 없습니다.

07
겸손과 거룩함
Humility and Holiness

"사람에게 이르기를 너는 네 자리에 서 있고
내게 가까이 하지 말라 나는 너보다 거룩함이라"

사 65:5

    우리는 이 시대의 성결 운동에 대해 이야기하며 그것에 대해 하나님을 찬양합니다. 거룩함을 좇는 자들과 자칭 거룩하다고 공언하는 자들에 대해, 그리고 거룩함에 관한 가르침과 모임에 대해 수도 없이 듣습니다. 그리스도 안에서의 거룩함과 믿음에 따른 거룩함이라는 복된 진리가 전에 없이 강조되고 있는 요즘입니다. 우리가 추구하는 거룩함, 또는 이미 얻었다고 공언하는 거룩함이 과연 진리와 생명인지를 가늠하는 잣대는 곧 그 거룩함으로 말미암은 겸손이 점점 크기를 더해가는지입니다. 인간에게 겸손은 하나님의 거룩하심이 인간 안에 내주하고 인간을 통해 빛을 발하는 데 꼭 필요한 요소입니다. 예수님 안에서 성스러운 겸손은 예수님의 삶과 죽음, 높임을 받으시는 비밀이었습니다. 한 치의 오류 없이 우리의 거룩함을 판단해주는 잣대는 바로 하나님 앞과 사람 앞에서 나타나는 겸손이겠지요. 그 겸손은 우리에게 일종의 점수를 매겨줍니다. 그리고 겸손은 거룩함의 꽃이며 아름다움 그 자체입니다.

거짓된 거룩함을 나타내는 주된 특징은 겸손이 부족한 모습입니다. 거룩함을 추구하는 이들은 "성령으로 시작"한 일을 부지불식간에 "육체로 마치지"(갈 3:3) 않도록, 설마 있으리라고 전혀 예상치 못한 곳에 교만이 스멀스멀 기어들지 않도록 경계해야 합니다.

두 사람이 기도하러 성전에 올라갔습니다. 한 명은 바리새인이었고 다른 한 명은 세리였습니다. 바리새인이 특별히 겁내며 들어가지 못할 곳이나 장소는 없습니다. 이처럼 바리새인이 하나님의 성전에서도 고개를 빳빳이 들게 하고, 하나님을 예배하는 곳을 자기 예찬의 무대로 만드는 것이 바로 교만입니다. 그리스도가 바리새인의 교만을 가차 없이 들추어내신 이후부터 바리새인은 세리의 의복을 입었습니다. 자신의 드높은 거룩함을 공언하는 자와 마찬가지로 죄가 헤아릴 수 없이 많다고 고백하는 이들 역시 경계를 늦추지 말아야 합니다. 우리 마음을 하나님의 성전으로 삼기를 간절히 바라는 순간에도 우리는 기도하러 올라가는 두 사람을 생각하게 됩니다. 세리는 옆에서 자기를 경멸하는 바리새인 자체가 위험한 것이 아니라 칭찬하고 높이는 내면의 바리새인이 위험하다고 깨닫게 됩니다. 하나님의 성전에서 우리가 가장 거룩한 곳에 있다고 생각할 때, 다시 말해 하나님의 거룩함이 임재하신 가운데 있다고 느껴질 때면 교만을 경계해야 합니다.

"하루는 하나님의 아들들이 와서 여호와 앞에 섰고 사탄도 그들 가운데에 온지라"(욥 1:6).

"하나님이여 나는 다른 사람들 곧 토색, 불의, 간음을 하는 자들과 같지 아니하고 이 세리와도 같지 아니함을 감사하나이다"(눅 18:11).

그저 감사해야 할 이유 속에서도, 우리가 하나님께 드리는 감사의 마음 안에서도, 그리고 하나님이 모든 것을 행하셨다는 고백 속에서도 우리 자아는 기어이 자기만족의 이유를 찾습니다. 맞습니다. 성전에서 참회의 말과 하나님의 자비하심을 확신하는 말이 들릴 때조차도 바리새인은 스스로를 칭송하는 말을 계속하고 하나님께 감사하는 중에 자신을 자랑스러워하겠지요. 교만은 칭찬이나 참회의 옷을 입고 나타날 수 있습니다. "나는 다른 사람들과 같지 않나이다"라는 말이 거부당하고 비난받는다 할지라도 사실 그렇게 말하는 이들의 태도는 우리 주변의 성도들이나 지인들을 향해 쏟아내는 우리의 감정과 말 속에서 너무나 자주 나타날 것입니다. 이것이 정말인지 알고 싶다면 주변의 교회와 그리스도인들이 서로에게 어떤 식으로 말하곤 하는지 들어보십시오. 예수님의 온유함과 관대함이 거의 보이지 않는다는 것을 확인하게 되겠지요.

예수님의 종 된 자들이 스스로에 대해 또는 서로에 대해 말하는 핵심이 곧 마음 깊은 데서 우러나는 겸손이어야 한다는 사실을 기억하는 이가 거의 없습니다. 서로 조화를 이루지 못하고 오히려 하나님의 사역이 방해받는 교회나 성도들의 모임, 선교회나 집회, 협회나 위원회, 심지어 해외의 선교지가 많지 않습니까? 성도라고 여겨지는 사람들이 자신보다 남들을 낮게 여기지 않았음은 물론 그들의 거룩함 속에 성도의 온유함이라곤 거의 찾아볼 수 없었음을 여실히 증명했기 때문에 그런 결과가 나왔습니다. 성마르고 경솔하고 조급한 모습, 자기 방어와 자기주장에 급급한 모습, 신랄한 판단과 몰인정한 말을 쏟아붓는 모습 속에 그들의 진짜 모습이 고스란히 드러났습니다. 영적인 면에서 과거를 돌이켜 보면 더없이 겸허해지고 산산이 부서지던 시기가 있었을 것입니다. 하지만 이것은 겸손으로 옷 입는 것, 겸손한 영을 지니는 것, 그리고 자신을 남들의 종으로 여기고 예수 그리스도 안에 있던 바로 그 마음을 내보이는 것과 참으로 다릅니다.

"너는 네 자리에 서 있고 내게 가까이 하지 말라 나는 너보다 거룩함이라!"(사 65:5).

거짓된 거룩함을 드러내는 이들이 어떤지를 풍자한 부분입니다. 거룩한 분이신 예수님은 겸손한 분이십니다. 가장 거룩한 자는 늘 가장 겸손한 자가 될 것입니다.

하나님 외에는 거룩한 이가 없습니다. 우리는 자기 안에 하나님을 품고 있는 만큼 그 몫의 거룩함을 품게 됩니다. 우리가 하나님에 대해 무엇을 품고 있는지에 따라 우리의 진정한 겸손이 좌우될 것입니다. 겸손은 하나님이 모든 것이 되시는 광경을 보며 자아가 감쪽같이 사라지는 것일 뿐입니다. 가장 거룩한 자는 가장 겸손한 자가 되기 마련입니다. 하지만 참으로 슬픕니다! 뻔뻔스럽게 자랑을 일삼던 이사야 시대의 유대인들을 지금은 별로 볼 수 없고 우리의 예법이 그런 식으로 말하지 않도록 가르쳐왔다지만, 그런 유대인 같은 태도가 아직도 얼마나 자주 눈에 띄는지요. 함께 믿음의 길을 걸어가는 성도들을 대할 때, 혹은 믿음 없는 세상 사람들을 대할 때 흔히 그런 태도가 나옵니다. 의견을 내고 일을 맡아 하고 잘못을 드러낼 때 그 순간의 정신을 살펴보면 겉으로는 비록 세리의 옷을 입고 있으나 목소리는 여전히 바리새인의 말을 합니다. "오 하나님, 나는 다른 사람들과 같지 아니함을 감사하나이다."

그렇다면 실로 자기 자신을 "모든 성도 중에 지극히 작은 자보다 더 작은 나"(엡 3:8)이자 모든 이의 종으로 여길 그런 겸손이 있긴 할까요? 물론 있습니다. "사랑은 자랑하지 아니하며 교만하지 아니하며 …… 자기의 유익을 구하지 아니"합니다(고전 13:4~5). 사랑의 영이 마음 가득 퍼져나가는 곳, 거룩한 본성이 충만하게 나타나는 곳, 온유하고 겸손한 하나님의 어린 양이신 그리스도가 내면에서 참모습을 갖춰가는 곳, 바로 그곳에 완전한 사랑의 힘이 허락됩니다. 그 사랑은 자기 자신을 잊게 합니다. 다른 사람들을 축복하고 아무리 연약한 이들이라도 그들을 참아주고 귀히 여기는 데서 복을 찾는 것이 바로 완전한 사랑입니다. 이러한 사랑이 들어가는 곳에 하나님도 들어가십니다. 하나님이 그분의 권능으로 들어서시고 자신이 곧 만유이심을 드러내는 곳에서는 모든 피조물이 아무것도 아닌 존재가 됩니다. 그리고 피조물인 인간이 하나님 앞에 아무것도 아닌 것이 되는 곳에서는 곁에 있는 사람들에게 겸손해질 수밖에 없습니다. 하나님의 임재는 시기의 문제가 아니라 우리 영혼이 늘 거하도록 감싸주는 덮개의 의미를 띱니다. 영혼이 하나님 앞에 한없이 자기를 낮추면 그곳이 곧 하나님의 임재가 나타나는 거룩한 곳이 되고 거기서부터 모든 말과 행위가 시작됩니다.

부디 하나님이 우리에게 가르쳐주시길 바랍니다. 우리 주변 사람들에 관한 생각과 말, 감정이 곧 하나님을 향한 우리의 겸손을 시험하는 잣대이며, 하나님 앞에 드리는 우리의 겸손이 우리로 하여금 이웃들에게 항상 겸손할 수 있게 하는 유일한 힘이라는 것을 말입니다. 우리의 겸손은 우리 안에 계신 하나님의 어린 양 예수 그리스도가 전해주신 생명이 되어야 합니다.

강대상이나 강단에서 거룩함에 대해 가르치는 모든 선생들은 물론이요, 골방이나 집회에서 거룩함을 찾고 구하는 모든 자들은 스스로 경계해야 합니다. 거룩함의 교만이야말로 가장 위험한 교만입니다. 그것만큼 교묘하고 교활한 교만은 없기 때문입니다. 사람이 항상 "너는 네 자리에 서 있고 내게 가까이 하지 말라. 나는 너보다 거룩함이라" 이런 말을 하거나 이런 생각을 하지는 않습니다. 물론 그런 생각은 사람들이 혐오하는 사고방식입니다. 하지만 자기가 이룬 바를 보면서 자기만족을 느끼고 자신이 남들보다 얼마나 앞서 있는지 눈으로 확인하지 않고는 못 배기는 습성, 즉 이런 영혼의 숨겨진 습성은 부지불식간에 자라납니다. 이런 모습은 특별히 자기주장을 펼치거나 자화자찬할 때만 나타나는 게 아닙니다. 한없이 자기를 낮추는 겸손, 하나님의 영광을 본(욥 42:5, 사 6:5) 영혼의 표식으로 나타날 수밖에 없는 그런 겸손의 모습이 없을 때 드러날 수 있습니다.

교만은 말이나 생각은 물론 남들에 대해 말하는 방식인 말투에서도 드러납니다. 영적 분별력을 은사로 받은 이들은 자아가 휘두르는 힘을 분명히 알아차립니다. 예리한 안목이 있는 세상 사람들조차도 알아차릴 정도입니다. 천국의 삶을 사노라 공언하는데도 별다른 천국의 열매를 맺지 않고 있다는 증거로 세상 사람들에게 분명 지적받을 부분입니다.

형제자매 여러분! 반드시 경계해야 합니다. 우리가 거룩함이라고 생각하는 부분에서 각자 발전된 모습을 보이며 겸손을 키워가는 것을 우리의 배울 바로 삼지 않는다면, 하나님의 임재를 증거하는 확실한 단 하나의 표식, 즉 자아의 소멸이 내내 부족한데도 당장 눈앞의 아름다운 생각과 감정, 헌신과 신앙의 엄숙한 행위에 만족해 마냥 기뻐하고 있는 자신의 모습을 발견할지도 모릅니다. 그러니 다 같이 예수님 품으로 도망쳐 우리가 그분의 겸손으로 옷 입을 때까지 예수님 안에 우리 자신을 감추어버립시다. 오직 그것이 우리의 거룩함입니다.

08

겸손과 죄

Humility and Faith

"죄인 중에 내가 괴수니라"

딤전 1:15

 겸손은 종종 참회나 회개와 동일시됩니다. 결과적으로 보면, 영혼이 계속 자기 죄에 열중하게 만드는 것 말고는 겸손을 살찌우는 방법이 없는 것 같습니다. 하지만 우리는 겸손이 그것과는 다른 무언가, 그 이상의 어떤 것이라고 배웠다는 생각이 듭니다. 우리 주 예수님의 가르침과 바울 서신에서 보았다시피 죄와는 아무 상관없이 겸손의 미덕을 되풀이해 가르치는 상황이 자주 나옵니다. 만물의 본질 속에서, 피조물과 창조주의 총체적 관계 속에서, 예수님이 친히 경험하신 후 우리에게 나누어주시는 그분의 삶 속에서 겸손은 거룩함의 본질이요 축복의 본체입니다. 겸손은 하나님을 왕의 자리로 올려 드려 자아의 자리를 바꾸어놓는 것입니다. 하나님이 만유가 되는 곳에서 자아는 아무것도 아닌 존재입니다.

하지만 이런 진리의 측면을 특별히 강조할 필요가 있다고 느낀 건 사실이지만, 인간의 죄와 하나님의 은혜가 성도들의 겸손을 어떤 식으로 새로이 깊게 다지고 강렬하게 흔드는지는 굳이 말할 필요가 없습니다. 사도 바울을 보십시오. 속죄 받은 거룩한 자로서 살아가는 동안 자기가 과거에 죄인이었다는 통렬한 자의식이 어떻게 소멸되지 않고 살아 있는지 확인하려면 사도 바울 같은 사람을 보면 됩니다. 알다시피 그가 자기 삶을 박해자요, 비방자로 일컫는 성경 구절들이 있습니다.

"나는 사도 중에 가장 작은 자라 나는 하나님의 교회를 박해하였으므로 사도라 칭함 받기를 감당하지 못할 자니라 ……내가 모든 사도보다 더 많이 수고하였으나 내가 한 것이 아니요 오직 나와 함께 하신 하나님의 은혜로라"(고전 15:9~10).

"모든 성도 중에 지극히 작은 자보다 더 작은 나에게 이 은혜를 주신 것은 측량할 수 없는 그리스도의 풍성함을 이방인에게 전하게 하시고"(엡 3:8).

"내가 전에는 비방자요 박해자요 폭행자였으나 도리어 긍휼을 입은 것은 내가 믿지 아니할 때에 알지 못하고 행하였음이라 …… 그리스도 예수께서 죄인을 구원하시려고 세상에 임하셨다 하였도다 죄인 중에 내가 괴수니라"(딤전 1:13, 15).

하나님의 은혜가 그를 구원했습니다. 하나님은 더 이상 그의 죄를 기억하지 않으셨습니다. 하지만 바울은 자신이 얼마나 끔찍한 죄를 저질렀는지 절대로 잊을 수 없었습니다. 하나님의 구원 안에서 더없이 기뻐할수록, 하나님의 은혜를 체험하며 말로 형용할 수 없는 충만한 기쁨을 누릴수록, 자신이 구원받은 죄인이라는 의식은 더욱더 분명해졌습니다. 자기가 죄인임을 자각함으로써 구원을 귀중하고 실제적인 것으로 삼지 않는다면 그 구원은 아무런 의미가 없다는 의식 또한 더욱 또렷해졌습니다. 사도 바울은 하나님이 죄인을 자기 품에 안으시고 그의 사랑으로 면류관을 씌우셨음을 단 한순간도 잊을 수 없었습니다.

앞에서 인용한 성경 구절들은 사람들에게 그저 바울이 날마다 짓는 죄에 대한 고백문으로 비칠 때가 많습니다. 그러나 그 구절들의 관계를 면밀히 살피면서 읽어보면 전혀 그렇지 않다는 것을 알게 됩니다. 구절구절마다 더없이 깊은 의미를 지니고 있습니다. 그 구절들은 영원무궁토록 지속되는 것을 언급합니다. 속죄받은 자들이 어린 양의 보혈로 죄를 용서받은 자로서 하나님의 보좌 앞에 고개를 조아리는 겸손의 모습, 그리고 이런 겸손함에 대한 놀라움과 경의를 표하는 깊은 함의를 전해줄 내용을 지칭합니다. 죄를 용서받은 자들은 아무리 영광 중에 있더라도 결단코 속죄받은 죄인일 수밖에 없습니다. 하나님의 자녀는 죄에서 벗어나 구원을 받았습니다. 그 죄야말로 은혜가 약속한 모든 것에 대한 단 하나의 권리요 자격이라고 생각할 때가 아니면 이생에서 단 한순간도 하나님의 사랑이 비춰주는 충만한 빛 가운데 살 수 없습니다. 처음에 하나님의 자녀가 죄인으로서 품고 있던 겸손이 새로운 의미를 지니는 순간이 있습니다. 어떻게 겸손이 그를 하나님의 피조물로 만들어주는지를 알게 될 때입니다. 그렇게 그를 피조물로 태어나게 한 겸손은 하나님의 놀라운 대속의 사랑을 구체화하는 것이 무엇인지 기억하면서 가장 깊고 풍성한 음조로 찬양하게 됩니다.

앞에 나온 사도 바울의 표현이 우리에게 가르쳐주는 내용은 참으로 중요한 의미를 띱니다. 우리는 바울이 그리스도인의 길을 걷던 전 과정을 보면서 그가 죄를 고백하는 모습을 전혀 찾아볼 수 없습니다. 대단히 격하게 개인적인 속내를 털어놓는 그의 편지에서도 죄의 고백을 기록한 내용은 없습니다. 우리가 이런 놀라운 사실을 알아차리는 순간 앞서 언급한 중요한 의미가 한층 더 강하게 드러납니다. 사도 바울의 글 어디에도 자신의 부족한 점이나 결점을 언급하는 부분이 없습니다. 자기 본분을 다하지 못했다거나 완전한 사랑의 법에 반하는 죄를 지었음을 암시하는 내용도 전혀 찾아볼 수 없습니다. 그에 반해, 하나님과 사람 앞에 흠 없는 삶을 사노라 호소하는 구절들은 제법 많습니다.

"우리가 너희 믿는 자들을 향하여 어떻게 거룩하고 옳고 흠 없이 행하였는지에 대하여 너희가 증인이요 하나님도 그러하시도다"(살전 2:10).

"우리가 세상에서 특별히 너희에 대하여 하나님의 거룩함과 진실함으로 행하되 육체의 지혜로 하지 아니하고 하나님의 은혜로 행함은 우리 양심이 증언하는 바니 이것이 우리의 자랑이라"(고후 1:12).

이것은 한낱 이상이나 단순한 염원이 아닙니다. 그의 실제 삶이 어떠했는지에 대한 호소입니다. 이처럼 사도 바울의 글에 죄의 고백이 없음을 어떤 식으로 설명하든지 간에, 그것이 분명 성령의 권능 안에 사는 삶을 가리킨다는 점은 모두가 인정할 것입니다. 물론 요즘 같은 시대에는 그런 삶을 실천하기도, 기대하기도 힘듭니다.

내가 강조하고 싶은 점은 이것입니다. 보다 깊은 겸손의 비결은 매일 죄를 범하는 데 있는 것이 아니라 더욱 풍성한 은혜로 말미암아 계속해서 더 뚜렷하게 생기를 보일 평소의 위치, 즉 단 한순간도 잊을 수 없는 몸에 밴 자리에 있습니다. 우리가 있을 단 한 곳이자 유일한 축복의 자리, 하나님 앞에 있는 우리의 변함없는 위치는 곧 자신이 은혜로 구원받은 죄인임을 고백하는 것을 최고의 기쁨으로 여기는 자들의 위치여야 합니다. 죄의 고백이 없다는 것은 바로 이런 진리에 더욱 힘을 실어줄 뿐입니다.

바울은 현재에 죄로부터 멀리 있고자 하는 의식 속에 있으면서 자신이 은혜받기 전 과거에 참으로 끔찍한 죄를 범했다는 사실을 뼛속 깊이 기억하고 있었습니다. 그 기억과 항상 연결돼 있는 기억이 있었습니다. 언제라도 쳐들어올 준비가 되어 있는 죄의 음흉한 권세, 자기 안에 내주하시는 그리스도의 임재와 권능으로만 접근 불가 상태로 만들 수 있는 죄의 감춰진 권세를 끊임없이 되새기는 기억이었습니다. "내 속 곧 내 육신에 선한 것이 거하지 아니하는 줄을 아노니"(롬 7:18)라는 구절은 끝끝내 있는 그대로의 모습을 띠는 육신에 대해 설명합니다. "이는 그리스도 예수 안에 있는 생명의 성령의 법이 죄와 사망의 법에서 너를 해방하였음이라"(롬 8:2)에서 나타나는 영광스러운 구원은 그저 육신의 소멸이나 정화가 아닙니다. 그것은 성령이 몸의 행실을 억누르면서 허락하신 끊임없는 승리입니다. 건강이 질병을 쫓아내고 빛이 어둠을 집어삼키며 삶이 죽음을 정복하듯 성령을 통한 그리스도의 내주하심이 곧 우리 영혼의 건강이요 빛이요 생명입니다. 하지만 이런 의식과 더불어 무력함과 위험에 대한 자각은 순간순간 끊임없이 이어지는 성령의 역사하심을 믿는 마음을 항상 단련시킵니다. 그래서 고귀한 믿음과 기쁨을 오직 하나님의 은혜로만 살아가는 겸손의 종속물로 삼는 단련된 의존감이 되도록 담금질합니다.

앞서 인용한 세 구절이 공통적으로 들려주는 내용이 있습니다. 바울을 그토록 철저히 겸손한 자로 만든 것이 다름 아닌 그에게 주어진 놀라운 은혜, 즉 그가 매 순간 필요하다고 느끼는 그 은혜 덕분이었다는 점입니다. 그것은 곧 바울로 하여금 누구보다도 더 많이 수고하게 하고 늘 그와 함께하신 하나님의 은혜이자, 헤아릴 수 없는 그리스도의 풍성함을 이방인에게 전하게 하신 은혜이며, 그리스도 예수 안에 있는 믿음과 사랑으로 넘치도록 풍성하게 부어주신 은혜입니다. 자신이 예전에 죄를 범했으며 지금도 죄를 짓기 쉬운 존재라는 의식이 흐릿해지지 않도록 바울의 생각을 아주 확실히 붙들어 준 것은 바로 죄인들에게 허락된 은혜였습니다. 죄인들을 위한 것이라는 점이 곧 은혜의 본질이자 영광입니다. "죄가 더

한 곳에 은혜가 더욱 넘쳤나니"(롬 5:20)라는 말씀은 은혜의 본질이 어떻게 죄를 처리하고 없애는지를 보여줍니다. 은혜의 체험이 점점 풍성해질수록 마땅히 죄인이라는 의식 또한 더욱 강렬해지는 모습도 보여줍니다. 인간을 참으로 겸손하게 만들어주는 것은 죄가 아니라 하나님의 은혜입니다. 자신이 어떠한 죄인이었는지 보여주고 생각나게 해주는 은혜 말입니다. 실로 내 자신이 죄인임을 알게 해주고 저 바닥까지 자기를 낮추는 죄인의 자리를 내가 절대 떠나지 못할 자리로 삼게 하는 것은 결코 죄가 아니라 은혜입니다.

자책과 자기 비난을 강하게 표출하는 방식으로 겸손해지고자 애쓰는 이들이 꽤 많아 염려스럽습니다. 다정함과 긍휼, 온유함과 오래 참음을 갖춘 '겸손한 심령', 곧 낮은 자의 영이 여전히 아득히 먼 이야기라는 사실을 슬픈 마음으로 고백할 수밖에 없습니다. 심지어 깊디깊은 자기혐오의 상황에서조차 자아에 열중한다 해도 우리는 결코 자아로부터 자유로워질 수 없습니다. 우리를 겸손하게 하는 것은 바로 하나님의 계시입니다. 이는 죄를 정죄하는 율법뿐만 아니라 죄에서 우리를 구해주시는 하나님의 은혜에 따른 계시입니다. 율법은 우리 마음을 두려움에 떨며 무너지게 할지도 모릅니다. 하지만 은혜는 그렇지 않습니다. 겸손의 원동력은 오직 은혜뿐입니다.

몸에 밴 듯 아주 자연스럽게 영혼의 기쁨으로 자리 잡는 향기로운 겸손, 그 겸손을 움직이게 하는 것은 오로지 은혜밖에 없습니다. 아브라함과 야곱, 욥, 이사야로 하여금 머리를 조아리며 낮아지게 만든 것은 거룩한 가운데 자기를 드러내시고 은혜 속에 자신을 알리시고자 가까이 다가오신 하나님의 계시였습니다. 아무것도 아닌 피조물의 모든 것이 되시는 창조주 하나님이요, 죄로 가득한 죄인의 모든 것이 되시는 은혜의 구세주 하나님을 기다리고 믿고 예배하는 영혼은 하나님의 임재로 충만한 자신을 깨닫게 됩니다. 그런 영혼에게는 자아를 위한 자리가 없을 것입니다. 다만 이런 식으로 약속이 성취될 수 있습니다.

"그날에 자고한 자는 굴복되며 교만한 자는 낮아지고 여호와께서 홀로 높임을 받으실 것이요"(사 2:17).

하나님의 거룩한 구속의 사랑이 눈부시게 빛나는 가운데, 그리고 그리스도와 성령을 통해 오신 거룩한 사랑이 충만하게 내주하심을 경험하는 가운데 거하는 죄인은 마땅히 겸손할 수밖에 없습니다. 자신의 죄에 골몰하지 않고 하나님께 전념해야만 자아로부터 자유함을 얻게 됩니다.

장벽은 무엇일까요? 바로 교만입니다. 믿음에 대한 언약은 구속 없이 아주 자유롭고 확실합니다. 믿음을 권유하고 격려하는 목소리는 대단히 강력합니다. 믿음이 의지하는 하나님의 전지전능한 능력은 우리와 매우 가까운 데서 아주 자유로이 거하고 있습니다. 그렇기 때문에 우리 소유가 될 축복을 방해하는 원인을 찾아보면 믿음을 방해하는 그 어떤 것이 유일한 답으로 남습니다. 요한복음 5장 44절의 말씀 속에서 예수님은 믿음을 불가능하게 만든 것이 바로 '교만'이라고 우리에게 알려주십니다. "너희가 서로 영광을 취하니 어찌 나를 믿을 수 있느냐?" 하고 물으십니다. 우리는 교만과 믿음이 본질상 도저히 양립할 수 없을 정도로 상충하는 모습을 봅니다. 그래서 믿음과 겸손이 한 뿌리에서 나오고 참된 겸손을 지니는 만큼 참된 믿음을 지닐 수밖에 없다고 배우게 됩니다. 또한 교만이 마음에 자리하고 있는 동안 우리는 진리에 대한 강한 지적 확신과 자신감을 품을 수도 있으나 교만은 하나님과 함께하는 능력을 지닌 살아 있는 믿음을 불가능하게 만들어 버린다는 것도 깨닫게 됩니다.

과연 믿음이 무엇인지 잠시 생각해봐야 합니다. 자신은 아무것도 아니요 무력한 존재임을 고백하는 것 아닐까요? 하나님이 일하시도록 맡기고 기다리는 것 아닐까요? 하나님의 은혜 외에는 아무것도 주장하거나 취하거나 행할 수 없으며 전적으로 하나님을 의지하는 자로서 우리 자리를 받아들이는 자체가 곧 가장 겸손한 것 아닐까요? 간단히 말해 겸손은 우리 영혼이 믿음을 먹고 살아가도록 준비시키는 성품입니다. 자기 본위, 아집, 자기 과신, 자만 안에 있는 교만이 아주 은밀하게 보일 듯 말 듯 누설되더라도 그 모든 것은 결국 자아를 강고하게 만듭니다. 그 자아는 하나님이 하나님으로서 본 모습을 취하시는 것도, 마땅히 천지만물 안에 모든 것이 되시는 것도 거부하기 때문에 하나님 나라에 들어갈 수도 없고 하늘의 것을 소유할 수도 없습니다.

믿음은 천국과 천국의 복에 대해 지각하고 이해하는 인식 기관 혹은 감각입니다. 믿음은 하나님으로부터 오는 영광, 즉 하나님이 모든 것이 되는 데서만 비롯되는 영광을 구합니다. 우리가 서로에게서 영광을 취하는 한, 인간에게 비롯되는 영예와 명성, 세상의 영광을 구하고 사랑하고 전전긍긍 지키고 있는 한, 하나님께 비롯되는 영광은 구하지도 못하고 받을 수도 없습니다. 교만은 믿음을 불가능하게 만듭니다. 구원은 십자가에 달리신 그리스도와 십자가를 통해 얻습니다. 구원은 예수님의 겸손과 연합하는 것이요, 그 안에서 기쁨을 누리는 것이며, 겸손에 직접 관여하는 것입니다. 겸손은 구원에 있어 가장 필요하고 복된 부분입니다. 그런데도 우리는 겸손을 간절히 바라거나 겸손을 위해 기도하는 법조차 잘 모릅니다. 이런 처지이니 아직도 교만이 강력하게 군림하고 있을 때 우리 믿음이 너무나 연약해지는 게 과연 놀랄 일일까요?

성경에서 말하는 겸손과 믿음은 많은 이들이 생각하는 것보다 더 밀접한 관계를 맺고 있습니다. 그리스도의 삶 속에서 그 관계를 확인해보십시오. 그리스도가 큰 믿음에 대해 말씀하신 두 가지 사례가 있습니다. "주여 내 집에 들어오심을 나는 감당하지 못하겠사오니"(마 8:8)라고 말한 백부장의 믿음을 보시고, 그리스도가 이를 놀랍게 여기셔서 "이스라엘 중 아무에게서도 이만한 믿음을 보지 못하였노라"(마 8:10) 이렇게 말씀하시지 않았습니까? 그리고 귀신 들린 딸을 둔 가나안 여인이 "주여 옳소이다마는 개들도 제 주인의 상에서 떨어지는 부스러기를 먹나이다"(마 15:27)라고 말하며 자신이 개로 불리는 것을 기꺼이 받아들이는 모습을 보고, 그리스도께서 "여자여 네 믿음이 크도다"(마 15:28)라고 말씀하시지 않았습니까? 우리 영혼을 하나님 앞에 아무것도 아닌 존재로 만들고 믿음을 가로막는 모든 방해물을 없애는 것이 바로 겸손입니다. 혹시나 우리 영혼이 하나님을 전적으로 신뢰하지 못해 하나님의 명예를 더럽힐까 봐 두려움에 떨게 하는 것 또한 겸손입니다.

형제자매 여러분, 우리가 거룩함을 추구하는 데 실패한 이유가 바로 여기에 있는 것 아닐까요? 우리가 미처 그런 줄 모르고 있었다 하더라도 우리의 헌신과 믿음을 그토록 피상적이고 금세 사라질 것으로 만든 원인이 바로 이것 아닐까요? 우리는 교만과 자아가 우리 안에서 아직도 얼마나 은밀하게 활동하는지 전혀 알지 못했습니다. 어떻게 하나님이 임하셔서 전능한 힘으로 교만과 자아를 몰아내시는지도 몰랐습니다. 옛 자아의 자리를 완전히 대체한 새롭고 거룩한 본성만이 우리를 겸손하게 만들 수 있다는 것 또한 이해하지 못했습니다. 절대적이고 꾸준하고 포괄적인 특징을 지닌 겸손이야말로 사람을 대하는 성품일 뿐 아니라 하나님께 드리는 모든 기도와 그분께 나아가는 자세를 아우르는 근본 성품이여야 한다는 것을 우리는 몰랐습니다. 주변에 두루 영향을 미치는 겸손과 낮은 마음을 갖추지 못한 채 하나님을 믿거나 그분께 가까이 가거나 그분의 사랑에 거하느니 차라리 눈 없이 보고, 공기 없이 살기를 꾀하는 편이 낫다는 것도 몰랐습니다.

형제자매 여러분, 하나님의 축복과 풍성함을 자신만이 소유하고자 애쓰는 교만 안에 옛 자아가 시종일관 버티고 있는

데도 어떻게든 하나님을 믿어보겠다고 온갖 수고를 하는 실수를 범하고 있진 않습니까? 그런 상황에서 믿음이 생기지 않은 건 당연한 일입니다. 이제는 방향을 바꿔봅시다. 하나님의 전능하신 손길 아래에서 무엇보다도 우리 자신을 낮추기 위해 애써야 합니다. 그러면 하나님이 우리를 높이실 것입니다. 예수님은 십자가와 죽음과 무덤에 이르기까지 자신을 낮추셨습니다. 그 모든 것은 하나님의 영광을 위해 예수님이 걸어가신 길이었습니다. 그리고 이제 그것은 우리가 가야 할 길이기도 합니다. 예수님과 함께, 또한 예수님처럼 낮아지는 것을 단 하나 우리의 소망이요 뜨거운 기도의 제목으로 삼읍시다. 하나님이나 사람 앞에 우리를 겸손하게 만드는 것은 무엇이든 기쁨으로 받아들입시다. 이것이야말로 하나님의 영광에 이르는 길입니다.

이 글을 읽다 보면 아마 지금쯤 물어보고 싶은 게 생기겠지요. 앞에서 언급했던 내용 중에 복된 체험을 했거나 남들에게 축복을 전하는 도구 역할을 하지만 정작 겸손은 부족한 몇몇 사람들의 이야기가 있었습니다. 그들이 아직도 사람에게서 비롯되는 명예를 구하는 모습이 너무나 분명히 보인다 하더라도 그들의 믿음은 참되고 강하다는 것이 그들의 행보에서 입증되지 않느냐고 물어볼 만합니다. 이에 대해서는 한 가지 이상의 답이 나올 수 있으나 지금 나누는 내용과 연결된 중요한 답을 제시하자면 바로 이것입니다. 그들에게는 각자 믿음의 분량이 있습니다. 그들에게 베풀어진 특별한 은사를 가지고 남들에게 전해주는 축복에 준하는 믿음의 분량입니다. 하지만 그 축복의 과정에서 그들이 펼치는 믿음의 사역은 겸손이 부족해서 방해를 받습니다. 그들이 전하는 축복은 피상적이거나 일시적인 경우가 많습니다. 하나님이 모든 것이 되시도록 길을 열어드리는 모습, 자신을 아무것도 아닌 존재로 보는 모습이 없기 때문입니다. 겸손이 더욱 깊어진다면 분명 더 깊고 풍성한 축복이 따르겠지요. 성령은 권능의 영으로 그들 안에 역사하실 뿐 아니라 풍성한 은혜 안에서, 특히 충만한 겸손 안에서 그들 속에 거하십니다. 그러한 성령은 오늘날 거의 눈에 띄지 않는 힘 있고 거룩하고 확고부동한 삶을 위해 변화한 이들에게 자신을 알리십니다. 앞서 언급된 조금은 부족한 이들이 이때 성령의 수단으로 쓰입니다.

"너희가 서로 영광을 취하고 유일하신 하나님께로부터 오는 영광은 구하지 아니하니 어찌 나를 믿을 수 있느냐"(요 5:44).

형제자매 여러분! 사람에게 영광을 받고자 하는 마음, 그 영광을 받지 못했을 때 찾아오는 예민함과 고통, 분노를 치료

하는 방법은 하나님께 오는 영광만을 구하기 위해 자기 자신을 내어드리는 것밖에 없습니다. 영예로운 하나님의 영광을 자신의 모든 것으로 삼는 형제자매가 됩시다. 그렇게 하면 사람의 영광과 자아의 영광으로부터 자유함을 얻고 자신이 아무것도 아닌 것에 만족하며 기쁨을 누리게 될 것입니다. 아무것도 아닌 존재가 되어 믿음 안에 점점 강해지면서 하나님께 영광을 돌리게 됩니다. 그리고 하나님 앞에 겸손하게 더욱 더 낮아질수록 하나님이 믿음의 모든 소망을 이루어주시고자 점점 더 우리에게 가까이 오신다는 진리를 깨닫게 됩니다.

간단히 말해 겸손은
우리 영혼이 믿음을 먹고 살아가도록 준비시키는 성품입니다.
자기 본위, 아집, 자기 과신, 자만 안에 있는 교만이
아주 은밀하게 보일 듯 말 듯 누설되더라도
그 모든 것은 결국 자아를 강고하게 만듭니다.

10
겸손과 자아의 죽음
Humility and Death to Self

"자기를 낮추시고 죽기까지 복종하셨으니"
빌 2:8

겸손은 죽음에 이르는 길입니다. 왜냐하면 겸손의 완성은 죽음 안에서 가장 확실히 증명되기 때문입니다. 겸손은 꽃과 같습니다. 자아의 죽음이 곧 그 꽃의 완벽한 열매입니다. 예수님은 죽기까지 자신을 낮추셨고 우리도 반드시 걸어가야 할 길을 열어놓으셨습니다. 예수님이 전력을 다해 하나님께 복종하셨음을 증명할 방법, 즉 인간적 본성을 포기하고 거기서 빠져나와 아버지의 영광에 이를 방법은 죽음밖에 없었습니다. 우리 또한 마찬가지입니다. 겸손은 우리의 자아가 죽는 길로 이끌어야 합니다. 그래야만 우리는 어떻게 겸손 앞에, 그리고 하나님 앞에 우리 자신을 송두리째 내어드렸는지를 증명합니다. 타락한 본성에서 해방되고 하나님 안에서 생명으로 이끄는 길, 새로운 본성으로 완전히 다시 태어나는 길에 다다르는 길을 찾게 됩니다.

우리는 앞에서 예수님이 자신의 부활 생명을 제자들에게 전하실 때 제자들을 위해 무엇을 하셨는지 살펴보았습니다. 영광을 받으사 보좌에 앉으신 온유하신 예수님이 제자들 안에 거하시고자 성령 강림을 통해 친히 하늘에서 내려오셨을 때는 어땠습니까? 예수님은 죽음을 통해 이 모든 것을 이룰 힘을 얻으셨습니다. 그분이 나누어주신 생명은 그 심원한 본질상 죽음에서 비롯된 생명이었습니다. 죽음에 굴복해, 죽음을 통해 얻은 생명 말입니다. 제자들 안에 거하러 오신 예수님은 예전에 죽으셨다가 이제 영원토록 살아계시는 분이 되었습니다. 그분의 삶과 그분의 인품, 그분의 임재에는 죽음의 표식, 즉 죽음에서 생겨난 생명의 표식이 있습니다. 제자들 안에 있는 그 생명 역시 항상 죽음의 표식을 지니고 있습니다. 죽음의 영, 죽어가신 예수님의 영이 우리 영혼 안에 거하며 역사하실 때라야 우리는 예수님의 생명의 능력을 알 수 있습니다. 예수님의 죽음을 나타내는 가장 주된 첫 번째 표식, 곧 예수님을 진정으로 따르는 자임을 보여주는 죽음의 표식은 곧 겸손입니다. 이렇게 말할 수 있는 두 가지 이유는 겸손만이 완전한 죽음으로 이어지며, 죽음만이 겸손을 완성시키기 때문입니다. 겸손과 죽음은 본질상 하나입니다. 겸손은 싹이고, 죽음 안에서 그 열매가 완전히 영글게 됩니다.

겸손은 완전한 죽음으로 이어집니다. 자아를 포기하고 하나님 앞에서 완전한 무의 자리를 취하는 것이 겸손입니다. 예수님은 자신을 낮추시고 죽기까지 순종하셨습니다. 하나님의 뜻을 위해 자신의 뜻을 포기하신 가장 고귀하고 완벽한 증거를 죽음으로 보이셨습니다. 예수님은 죽음 안에서 자아를 포기하셨습니다. 자신에게 맡겨진 잔을 마시길 꺼리는 본성까지도 죽음을 통해 포기하셨습니다. 우리 인간 본성과 연합하여 지니신 생명도 포기하셨습니다. 자기를 유혹한 죄에 대해, 자아에 대해 죽음을 택하셨습니다. 인간 되신 예수님은 그렇게 함으로써 하나님의 완전한 생명으로 들어가셨습니다. 예수님께서 자신은 그저 하나님의 뜻을 행하고 그 뜻을 묵묵히 받아들이는 종에 지나지 않는다고 생각하실 만큼 무한한 겸손을 보이지 않으셨다면 결코 죽으실 수 없었을 것입니다.

이것은 곧 우리가 자주 묻곤 하던 질문, 의미를 분명히 이해하지 못하던 그 질문에 답이 됩니다. "어떻게 해야 자기를 버릴 수 있을까, 자아가 죽을 수 있을까?" 자아의 죽음은 우리의 소관이 아닙니다. 그것은 하나님이 하시는 일입니다. 그리스도 안에서 우리는 "죄에 대하여 죽은"(롬 6:11) 상태입니다. 우리 안에 있는 생명은 죽음과 부활의 과정을 겪었습니다. 그러면 우리는 실로 죄에 대해 죽었다고 확신할 것입니다. 하지만 이런 죽음의 능력이 우리의 기질과 행위 속에서 온전히 나타나는지 여부는 성령이 그리스도의 죽음의 능력을 우리에게 나누어주시는 분량에 달려 있습니다. 이쯤에서 새겨두어야 할 가르침이 있습니다. 만약 우리가 그리스도의 죽음 안에서 그리스도와 충만한 교제를 시작하고 자아로부터 완전히 해방되었음을 알았다면, 자신을 낮춰야 합니다. 이것이 곧 우리에게 부여된 한 가지 의무입니다. 의지할 곳 하나 없는 무력한 모습으로 하나님 앞에 자신을 내놓으십시오. 스스로를 죽일 수도 살릴 수도 없는 자신의 무력함을 겸허하게 받아들이십시오. 그리고 온유하고 오래 참고 신뢰하는 모습으로 하나님께 자복하는 영이 되어 아무것도 아닌 자리까지 깊이 내려가십시오. 모든 굴욕을 감내하십시오. 우리를 시험하거나 괴롭히는 모든 이웃이 우리를 겸손하게 하는 은혜의 도구라고 생각하십시오. 다른 사람들 앞에 우리 자신을 낮춰야 하는 모든 상황을 하나님 앞에 겸손해지는 데 도움을 주는 기회로 삼으십시오. 그렇게 우리 자신을 낮추는 모습이 하나님 보시기에는 우리의 온 심령이 겸손을 사모한다는 증거이자, 겸손을 구하는 최고의 기도로 비칠 것입니다. 그리고 전능하신 하나님의 은혜가 역사하실 수 있도록 우리가 준비하는 것으로도 여겨질 것입니다. 이 모든 것은 하나님이 성령의 전능하신 힘을 통해 우리 안에 그리스도를 완전히 드러내 보이시고, 그로 인해 하나님이 진정 종의 형상으로 우리 안에 자리 잡으시며 우리 심령 안에 거하실 때 가능합니다. 겸손의 길은 완전한 죽음으로 이어집니다. 이는 곧 우리가 그리스도 안에서 죽는 완벽하고 충만한 체험입니다.

　오직 죽음만이 완전한 겸손으로 이어집니다. 기꺼이 겸손해지려고 하지만 지나치게 겸손해질까 염려하는 이들이 있습니다. 수많이 이들이 저지른 이런 실수를 경계하십시오. 그들은 진정한 겸손이 무엇인지에 대해 너무나 많은 조건과 한계를 제시하고 숱한 논리와 의문을 제기하느라 절대 무조건적으로 겸손에 몰두하지 못합니다. 이런 모습을 경계하십시오. 죽기까지 자기를 낮춰야 합니다. 자아에 대한 죽음 안에서만 겸손이 완성됩니다. 보다 큰 은혜의 실제적인 체험과 성화로 나아가는 진정한 발전, 그리고 실제로 예수님의 모습을 점점 더 닮아가는 모습의 근원에는 반드시 자아의 죽음이 있음을 명심하십시오. 이러한 자아의 죽음은 우리 기질과 습관 그리스도인의 자의식 전체는 그리스도의 죽음에 생명을 불어넣었던 그 정신으로 가득 채워져야 합니다. 다시 말해, 그런 정신이 곧 그리스도인의 자의식에 나타나는 특징이 되어야 합니다. 그리스도인은 자기 자신을 그리스도 안에서 죽었던 자이자 그리스도 안에서 살아난 자로 하나님께 드려야 합니다. 주 예수님의 죽으심을 자기 몸에 짊어진 자로 하나님께 바쳐야 합니다"우리가 항상 예수의 죽음을 몸에 짊어짐은 예수의 생명이 또한 우리 몸에 나타나게 하려 함이라"(고후 4:10) 참조—옮긴이. 그리스도인의 삶은 두 부분으로 이루어진 표식을 항상 지녀야 합니다. 참된 겸손 안에서 예수님의 무덤, 곧 죄와 자아에 대한 죽음까지 깊이 뻗어 내린 뿌리 부분과 부활의 능력 안에서 예수님이 계신 천국까지 높이 올려진 머리 부분으로 된 표식입니다.

믿음의 형제자매 여러분, 예수님의 죽음과 삶을 여러분의 것으로 삼게 해달라고 구하십시오. 믿음 안에서 주장하시면 됩니다. 자아와 자아의 행실로부터 벗어난 안식, 예수님의 무덤 안에서 하나님의 안식 안으로 들어가십시오. 아버지의 손에 자기 영을 맡기신 그리스도와 함께 여러분 자신을 낮추고 하나님 없이는 아무것도 할 수 없는 자처럼 전적으로 하나님을 의지하는 데까지 내려가십시오. 하나님이 여러분을 일으키시고 높여주실 것입니다. 매일 아침 자신은 아무것도 아니라는 깨달음을 깊이 되새기며 예수님의 무덤으로 내려가야 합니다. 날마다 예수님의 생명이 여러분 안에서 분명히 드러날 것입니다. 그리스도의 죽으심과 합하여 세례를 받는 것,(롬 6:4), 즉 여러분의 타고난 권리를 주장한다는 표식으로 겸손을 내보이십시오. 자발적이고 사랑이 넘치고 평온하고 행복한 겸손을 우리의 생득권 주장의 표식으로 삼으십시오.

"그가 거룩하게 된 자들을 한 번의 제사로 영원히 온전하게 하셨느니라"(히 10:14).

그리스도가 당한 굴욕 속으로 들어가는 영혼은 그리스도 안에서 중요한 능력을 발견하게 됩니다. 자아를 죽은 것으로 여길 줄 알고, 그리스도에 대해 배우고 그리스도를 받아들인 자로서 오로지 겸손과 온유함으로 걸어가며 서로서로를 사랑으로 참아주는 능력을 찾게 될 것입니다. 죽음의 삶, 다시 말해 죽음으로써 사는 삶은 그리스도의 온유와 겸손을 닮은 모습 안에서 나타납니다.

NOTE 3

자기를 버리는 것, 자아가 죽는 것, 또는 자아의 권세에서 벗어나는 것은 본성의 권한을 힘입어 우리가 수행할 수 있는 적극적인 저항이 아니며, 그런 저항으로 가능해지는 일도 아니다. 자기를 버리는 진정한 길은 인내와 온유, 겸손, 하나님에 대한 복종의 길뿐이다. 이것이 곧 자아에 대해 죽는 것의 진리이자 그것의 완성이다. …… 하나님의 어린 양이 무슨 뜻이냐는 질문을 받을 경우, 여러분은 그것이 바로 인내와 온유와 겸손, 그리고 하나님께 대한 복종을 뜻한다고 답해야 하지 않을까? 따라서 이러한 덕목을 간절히 바라고 믿는 것이 곧 그리스도께 전심전력을 다하는 것이요, 그분께 자기 자신을 완전히 내어 드리는 것이자 그리스도에 대한 믿음의 완성이라고 말해야 한다. 인내, 온유, 겸손, 하나님께 대한 복종에 깊이 잠기고 싶어 하는 이런 마음은 그 자체가 곧 우리의 모든 존재, 그리고 우리가 타락한 아담에게 받은 모든 것을 진정으로 포기하는 것이다. 따라서 그 마음은 그리스도를 따르기 위해 우리가 가진 모든 것을 완전히 버리는 것이다. 이 모습은 그리스도에 대한 믿음에서 나오는 가장 고귀한 행실이다. 그리스도는 오로지 이런 미덕 안에 거하신다. 말하자면 그 덕목이 있을 때 그리스도는 자신의 나라에 거하시는 것이다. 우리가 따르는 그리스도가 이런 나라에 거하시게 해야 한다.

거룩한 사랑의 영은 인내와 겸손, 하나님의 권능과 자비에 대한 복종 안에서 모든 자아가 죽기를 바라고 그렇게 하기로 결정하기 전에는 그 어떤 타락한 피조물 속에서도 태어날 수 없다. 하나님의 어린 양은 온유하고 겸손하고 오래 참으며 고통받으시는 분이며 나의 영혼에 이런 거룩한 덕목이 축복 속에 태어나게 할 능력을 지니신 존재다. 나는 그런 하나님의 어린 양의 공로와 중재를 통해 나의 모든 구원을 구한다. 우리 영혼 안에 온유하고 겸손하며 오래 참고 순종하는 하나님의 어린 양이 나타나지 않는 한 구원은 절대 불가능하다. 하나님의 어린 양이 우리 영혼 안에 그의 온유와 겸손과 하나님에 대한 전적인 복종을 실제로 태어나게 하실 때 그때가 바로 우리 영혼에 사랑의 영이 태어나는 생일이 된다. 언제든 우리가 그 일을 이룰 때마다 사랑의 영은 하나님 안에서 평안과 기쁨으로 우리 영혼을 즐겁게 할 것이다. 그 크나큰 평안과 기쁨은 우리가 예전에 평안이나 기쁨이라고 불렀던 모든 것을 기억에서 완전히 지워버릴 것이다.

하나님께 나아가는 이 길은 결코 틀리지 않는 확실한 길이다. 이런 무오류성은 우리 구세주의 두 가지 성품에 근거하고 있다. 첫째, 그는 하나님의 어린 양이시며 영혼 안에 있는 모든 온유함과 겸손함의 원리가 되신다. 둘째, 그는 천국의 빛이 되시며 영원한 본성을 축복하시사 그것을 천국으로 바꿔주신다. 우리가 기꺼이 온유와 겸손, 하나님께 대한 복종 안에서 우리 영혼이 안식하게 할 때, 바로 그때 그리스도가 하나님과 천국의 빛으로서 기뻐하며 우리 안에 들어오사 우리의 어둠을 빛으로 바꾸시고 영원무궁토록 끝나지 않을 하나님의 나라, 사랑의 왕국을 우리 안에서 시작하신다.

- 윌리엄 로, 「Wholly For God」

11
겸손과 행복

Humility and Happiness

"나에게 이르시기를 내 은혜가 네게 족하도다 이는 내 능력이 약한 데서 온전하여짐이라 하신지라 그러므로 도리어 크게 기뻐함으로 나의 여러 약한 것들에 대하여 자랑하리니 이는 그리스도의 능력이 내게 머물게 하려 함이라 그러므로 내가 그리스도를 위하여 약한 것들과 능욕과 궁핍과 박해와 곤고를 기뻐하노니 이는 내가 약한 그때에 강함이라"

고후 12:9~10

하나님께 지극히 큰 계시를 받았다는 이유로 바울이 스스로를 높이지 않게 하시려고 하나님은 그에게 육체의 가시를 주사 그를 겸손하게 하셨습니다(고후 12:7). 바울의 첫째 소망은 그 가시가 없어지는 것이었기에 그는 그것이 떠나가게 해 달라고 주님께 세 번이나 간구했습니다.

하지만 그는 시련이 곧 축복이라는 응답을 받았습니다. 즉 육체의 가시가 가져다준 연약함과 굴욕 안에서 하나님의 은혜와 강함이 더욱 분명하게 나타날 수 있었다는 뜻입니다. 바울은 시련과 자신의 관계에서 새로운 단계로 들어섰습니다. 그는 시련을 견디는 대신 그것을 기꺼이 자랑으로 여겼습니다. 시련에서 구해달라고 간구하는 대신 그것을 즐거움으로 삼았습니다. 그는 굴욕의 자리가 축복과 능력과 기쁨의 자리임을 깨달았습니다.

실질적으로 모든 그리스도인들은 겸손을 추구할 때 이 두 가지 단계를 통과합니다. 첫 번째 단계에서는 자신을 낮아지게 할 만한 모든 것을 두려워하며 거기서 달아나고 구조의 손길을 찾습니다. 무슨 수를 써서라도 겸손을 추구할 방법은 아직 배우지 못했습니다. 겸손하라는 명령을 받아들이고 그 명령에 순종하려고 애쓰지만 결국에는 자신이 얼마나 무참히 실패하는지 알게 될 뿐입니다. 때때로 아주 진지하게 겸손을 구하며 기도하지만, 은밀한 마음속에서는 다른 기도가 나옵니다. 말로 표현하지 않으면 마음속 소원으로라도 다르게 간구합니다. 자신을 낮아지게 만들 것들로부터 떨어져 있게 해달라는 기도를 더 많이 한다는 뜻입니다. 아직 겸손을 하나님의 어린 양의 미점이자 천국의 기쁨으로 여길 만큼 겸손을 사랑하지는 않습니다. 겸손을 얻기 위해 모든 것을 팔 정도는 아닙니다. 겸손을 추구하고 겸손을 구하고자 기도하는 데 있어 아직 얼마간 부담감과 구속을 느낍니다. 아직은 자신을 낮추는 것이 본질적으로 겸손한 생명과 본성을 자발적으로 표현하는 것이 되지 못했습니다. 기쁨이자 유일한 즐거움이 되지 못했습니다. "나의 약한 것들에 대하여 자랑합니다. 무엇이든 나를 낮추는 것에서 즐거움을 얻습니다." 아직은 이런 고백이 나올 리 없습니다.

그렇다면 과연 이 같은 고백이 나올 단계에 도달하길 기대할 수 있을까요? 물론입니다. 도대체 무엇이 우리를 그 단계에 이르게 할까요? 바울을 그 단계에 데려다준 것은 바로 새롭게 자신을 드러내신 예수님의 계시였습니다. 하나님의 임재만이 자아를 드러내 보이고 그것을 쫓아버릴 수 있습니다. 예수님의 임재는 무엇이든 우리 자신 안에서 구하고자 하는 바람을 모조리 쫓아낼 것이며, 예수님의 완전한 현현(顯現)을 위해 우리를 준비시켜주는 모든 굴욕을 기뻐하게 만들 것입니다. 이런 심오한 진리를 꿰뚫어보게 하는 보다 분명한 통찰력이 바울에게 주어졌습니다. 우리가 당하는 굴욕이 이끄는 길은 예수님의 임재와 능력을 체험하는 가운데 우리가 겸손을 최고의 축복으로 여기는 데로 이어집니다. 바울이 우리에게 가르쳐준 이야기에서 교훈을 얻도록 합시다.

우리 주변에 있는 앞서가는 신자들, 저명한 선생들, 천국을 체험한 이들이라도 어쩌면 아직도 완전한 겸손의 가르침을 충분히 깨닫지 못하고 자신의 약함을 즐거이 자랑하지 못할지도 모릅니다. 우리는 이런 모습을 바울에게서 봅니다. 자신을 높이는 위험이 바울에게 아주 가까이 접근하고 있었습니다. 그는 아무것도 아닌 존재가 되는 게 무엇인지, 자기 안에 오직 그리스도만 사시도록 자기가 죽는다는 게 무엇인지, 자기를 낮아지게 만드는 모든 것을 기쁨으로 여긴다는 게 무엇인지 아직 완전히 알지 못했습니다. 이것은 마치 그가 배워야 했던 최고 난이도의 교훈처럼 보입니다. 하나님이 모든 것이 되시도록 바울 자신의 약함을 자랑으로 여기는 자기 비움의 지점, 바로 그 안에서 주님께 온전히 순종하는 것을 배워야 했습니다.

신자가 배워야 할 최고의 교훈은 바로 겸손입니다. 거룩함 속에서 한 걸음 한 걸음 나아가고자 애쓰는 모든 그리스도인이 이 진리를 꼭 기억해야 합니다. 열정적인 헌신과 뜨거운 열의, 신령한 체험이 있을 수 있지만, 주님의 특별한 처사로 그런 열심이 인도받지 못한다면 무의식적으로 자만하게 될지 모릅니다. 가장 높은 거룩함이 곧 가장 낮은 겸손이라는 교훈을 명심하십시오. 가장 낮은 겸손은 저절로 오는 것이 아니라 우리의 신실하신 하나님과 그분의 충성스러운 종의 입장에서 겸손을 특별히 다룰 때 생기는 것임을 기억합시다.

이런 경험에 비추어 우리 삶을 바라봅시다. 그리고 우리가 약함을 기쁘게 자랑하는지, 바울이 그랬듯 모욕과 궁핍과 고통을 즐거움으로 삼는지 확인해봅시다. 그렇습니다. 정당하든 부당하든 친구나 원수가 쏟아내는 비난과 질책, 다른 사람들 때문에 생긴 상처, 곤경, 어려움을 무엇보다도 하나의 기회로 여기는 법을 배웠는지 자문해봅시다. 온갖 고난의 상황을 예수님이 우리에게 모든 것이 되심을 증명하는 기회로 삼고 있습니까? 우리 자신의 즐거움이나 명예를 어떻게 아무것도 아닌 것으로 여기는지, 사실상 굴욕을 어떻게 우리의 즐거움으로 여기는지 증명하는 기회로 삼고 있습니까? 자아로부터 완전히 자유로워졌으므로 남들이 우리 얘기를 뭐라고 하든 우리에게 무슨 짓을 하든 예수님이 전부라는 생각 속에 모든 것을 잊고 없애버리는 것이야말로 참된 축복이요 천국의 심오한 행복이 됩니다.

바울을 책임지셨던 예수님이 우리 또한 책임지시리라 믿읍시다. 바울이 "낙원으로 이끌려 가서 말로 표현할 수 없는 말"(고후 12:4)을 들었는데 그것보다 더 귀한 것, 약함과 낮아짐을 자랑으로 여기는 것을 배우기 위해 그에게는 특별한 가르침과 특별한 훈련이 필요했습니다. 물론 우리에게도 필요합니다. 아주 많이 필요합니다. 바울을 돌보셨던 예수님이 우리 또한 돌보실 것입니다. 그분은 우리가 자만하지 않게 하시려고 절대 마음을 놓지 않으시되 사랑 가득한 돌보심 속에 우리를 지켜보십니다. 우리가 자만해질 경우 주님은 우리에게 그 자만의 악함을 밝히 보이시고 우리를 거기서 구해내려고 애쓰십니다. 주님은 시련과 약함과 곤경을 통해 우리를 낮아지게 하려고 힘쓰십니다. 그때 비로소 우리는 주의 은혜가 모든 것임을 절실히 깨달아 우리를 낮추고 계속 낮아지게 만드는 것에서 기쁨을 누리게 됩니다. 우리의 약함 속에 완전해진 주의 강함과 텅 빈 우리를 채우시고 만족케 하신 주의 임재가 곧 부족함 없는 겸손의 비밀이 됩니다. 이러한 겸손은 하나님이 우리 안에서, 우리를 통해 역사하시는 것을 똑바로 바라보며 바울처럼 항상 이런 말을 할 수 있게 합니다. "내가 아무것도 아니나 지극히 크다는 사도들보다 조금도 부족하지 아니하니라"(고후 12:11). 바울이 당한 굴욕은 그로 하여금 참된 겸손에 이르게 했고 그를 낮아지게 하는 모든 것에서 놀라운 기쁨과 자랑, 즐거움을 얻게 했습니다.

"도리어 크게 기뻐함으로 나의 여러 약한 것들에 대하여 자랑하리니 이는 그리스도의 능력이 내게 머물게 하려 함이라 그러므로 내가 그리스도를 위하여 약한 것들과 능욕과 궁핍과 박해와 곤고를 기뻐하노니"(고후 12:9~10).

겸손한 자는 변함없는 기쁨의 비밀을 깨달은 사람입니다. 자신의 약함을 느낄수록 더욱 더 낮은 데로 내려가며, 자신이 당하는 굴욕이 더욱 커 보일수록 더욱 충만한 그리스도의 능력과 임재를 그의 몫으로 받습니다. 비로소 "내가 아무것도 아니다"라고 말하게 될 때 주의 말씀으로 한층 더 깊은 기쁨이 생겨나 이런 고백을 하게 됩니다. "내 은혜가 네게 족하도다."

앞서 얘기한 내용을 두 가지 교훈으로 다시 한 번 정리하고 싶습니다. 첫째, 교만의 위험은 우리가 생각하는 것보다 더 가까이에 있습니다. 둘째, 겸손에 대한 은혜 역시 우리 생각보다 더욱 크고 가깝습니다.

교만의 위험은 우리가 생각하는 것보다 더 크고 가까이에 있습니다. 우리가 특히 아주 대단한 경험을 할 때 더욱 그러합니다. 그가 전하는 영적 진리의 말을 신자들이 감탄하며 경청하게 만드는 설교자, 거룩한 강단 위에서 천국 삶의 비밀을 소상히 설명해주는 탁월한 연설가, 복된 체험을 간증하는 그리스도인, 환호하는 군중을 축복하며 의기양양하게 앞으로 나아가는 복음 전도자. 이 모든 모습이 부지불식간에 찾아오는 감춰진 위험임을 아는 이가 없습니다. 바울도 이런 사실을 모른 채 위험에 처했습니다. 예수님이 그를 위해 무엇을 하셨는지 성경에 기록돼 있는 이유는 우리를 훈계하기 위함입니다. 우리가 위험에 처했음을 알고 우리의 유일한 피난처를 알게 함입니다. 설사 그런 훈계가 거룩한 선생이나 교수에게 전해졌다 해도 그들은 자아로 가득 차 있거나 자신이 설교하는 바를 절대 실천하지 않습니다. 또는 자신이 받은 축복으로 인해 더 겸손해지거나 온화해지지 않습니다. 더 이상은 이런 얘기가 들리지 않게 해야 합니다. 우리가 신뢰하는 예수님이 우리를 겸손하게 만드실 수 있습니다.

그렇습니다. 겸손을 위한 은혜 역시 우리가 생각하는 것보다 더 클 뿐 아니라 더 가까이에 있습니다. 예수님의 겸손이 곧 우리의 구원입니다. 예수님 자신이 바로 우리의 겸손입니다. 우리의 겸손은 예수님이 관심을 가지고 행하시는 사역입니다. 그분의 은혜는 우리가 교만의 유혹에 충분히 맞설 만큼 풍성합니다. 그분의 강함은 우리의 약함 속에 완전해질 것입니다. 그러니 연약해지고 낮아지고 아무것도 아닌 존재가 되기로 합시다. 겸손을 우리의 기쁨과 즐거움으로 삼읍시다. 우리를 겸손하게 하고 계속 낮아지게 하는 모든 것과 우리의 연약함을 기쁘게 자랑하고 그것을 즐거움으로 삼읍시다. 그러면 그리스도의 능력이 우리 안에 머물게 됩니다. 그리스도께서 자신을 낮추셨기에 하나님이 그분을 높이셨습니다. 그리스도는 우리를 낮추시고 겸손함을 계속 간직하게 만드실 것입니다. 우리를 겸손하게 하는 모든 것을 진심으로 받아들이고 신뢰와 기쁨 속에 그 모든 것을 감내합시다. 그리스도의 능력이 우리에게 임하실 것입니다. 가장 낮아지는 겸손이야말로 무엇과도 비할 바 없는 참된 겸손의 비밀이요, 그 어떤 것으로도 깨지지 않는 기쁨의 비결임을 깨닫게 될 것입니다.

12

겸손과 높임

Humility and Exaltation

"무릇 자기를 높이는 자는 낮아지고 자기를 낮추는 자는 높아지리라"
눅 14:11
"주 앞에서 낮추라 그리하면 주께서 너희를 높이시리라"
약 4:10
"그러므로 하나님의 능하신 손 아래에서 겸손하라
때가 되면 너희를 높이시리라"
벧전 5:6

요사이에 이런 질문을 받았습니다. "어떻게 하면 교만을 물리칠 수 있을까요?" 대답은 간단했습니다. 두 가지가 필요합니다. 하나님이 우리가 할 일이라고 말씀하신 것을 행하십시오. 즉, 스스로를 낮추십시오. 그리고 하나님이 자신의 일이라고 말씀하신 것을 행하시리라 믿으십시오. 다시 말해, 하나님이 우리를 높이실 것을 믿으십시오.

하나님이 명하신 바는 아주 분명합니다. "겸손하라!" 그 말은 우리 본성에 속한 교만을 물리치고 쫓아버리는 것, 거룩한 예수님이 보이신 겸손의 모습을 우리 안에 이뤄내는 것이 우리의 일이라는 뜻이 아닙니다. 그것은 하나님의 일입니다.

높임의 본질, 즉 하나님이 우리를 높이셔서 그분이 사랑하는 아들과 꼭 닮게 하시는 그 부분은 전적으로 하나님의 일입니다. 하나님의 명령이 의미하는 바는 바로 이것입니다. "하나님과 사람 앞에 겸손해질 기회를 잡으라. 하나도 빼놓지 않고 모든 기회를 포착하라." 이미 우리 안에 역사하고 있는 은혜를 믿고, 더 큰 은혜를 통해 장차 승리하리라 확신하며, 매 순간 마음의 교만과 그 교만이 벌이는 일을 비춰 보이는 양심의 빛에 따라 행하십시오. 툭하면 실패하고 허물어질지라도 자신을 낮추라는 불변의 명령 아래 굳건히 서 있어야 합니다.

겸손의 필요성을 되새기게 하고 겸손해지도록 도와주는 것이 있습니다. 그것은 내적인 요인이나 외적인 요인이 될 수도 있고, 친구나 원수에게서 비롯된 것일 수도 있으며, 본성이나 은혜로 말미암은 것일 수도 있습니다. 하나님이 허락하신 이 모든 것을 감사하는 마음으로 받아들이십시오. 실로 겸손을 미덕의 모체로 삼으십시오. 하나님 앞에 지켜야 할 가장 첫 번째 의무이자 영혼을 지키는 영원한 호위병이라고 여기십시오. 그리고 모든 축복의 원천으로 삼아 마음에 단단히 붙들어두십시오. 그 명령에 대한 하나님의 언약은 거룩하고 확실합니다. "자기를 낮추는 자는 높임을 받으리라." 하나님이 요구하시는 단 한 가지, 자기 자신을 낮추라는 명령을 이행하고 있는지 자신을 돌아보십시오. 하나님은 자신이 약속하신 한 가지, 즉 "더 큰 은혜를 부어주고, 때가 이르면 너를 높여주리라" 하신 말씀을 행하시는지 확인하실 것입니다.

사람을 대하시는 하나님의 모든 과정은 두 단계로 이루어져 있습니다. 첫 번째는 준비시키는 단계입니다. 하나님의 명령과 언약이 인간을 단련시켜 더 높은 단계로 올라가도록 하는 때입니다. 노력과 무력감, 혹은 실패와 불완전한 성공이 뒤섞인 체험, 그리고 이런 것들이 일깨워주는 더 나은 무언가에 대한 경건한 기대감이 이 시기에 함께 나타납니다. 그런 다음에는 성취의 시기가 찾아옵니다. 이 두 번째 단계에는 믿음이 하나님의 언약을 유업으로 물려받고, 예전에 줄곧 아무 보람 없이 열심히 구하기만 했던 것을 이제야 누리게 됩니다. 이 법칙은 그리스도인이 살아가는 삶의 모든 측면에도 적용되고, 모든 별개의 덕목을 추구하는 과정에도 적용됩니다. 그것은 만물의 본질에 근거를 두고 있기 때문입니다. 하나님은 우리의 구속과 관련된 모든 것에서 주도권을 쥐고 계십니다. 하나님의 일이 이루어진 다음에 인간의 차례가 옵니다. 인간은 순종하는 마음으로 일을 이루고자 노력하면서 자신의 무력함을 알게 됩니다. 자포자기하는 가운데 자기를 버리는 법도 깨닫습니다. 그리고 잘 모르는 가운데 언약의 시작을 받아들였다가 나중에 그 약속의 결과이자 완성을 자발적으로, 그리고 지혜롭게 받아들이기에 합당한 자가 되는 법 또한 깨닫게 됩니다. 그런 식으로 하나님은 만유의 주시요, 만유의 목적으로 환영받는 존재이자 모두가 간절하게 바라는 분이 되십니다. 인간이 하나님을 올바로 알기 전이나 하나님의 목적이 무엇인지 완전히 깨닫기 전에 만유의 시작이 되셨던 하나님이 그렇게 만유의 완성이 되십니다.

위에서 밝힌 법칙이 겸손을 구하는 과정에도 적용됩니다. 하나님의 보좌에서 나온 명령, 즉 "네 자신을 낮추라"는 명령은 모든 그리스도인에게 해당되는 것입니다. 그 명령을 듣고 순종하려는 진심 어린 노력은 보상을 받게 됩니다. 고통스럽지만 두 가지 사실을 깨닫게 되는 보상입니다. 스스로를 아무것도 아닌 존재로 여기기를 꺼리는 마음과 아무것도 아닌 존재로 인정받는 것 또한 원치 않는 마음, 그리고 하나님께 전적으로 복종하기를 내켜하지 않는 마음에 담긴 교만의 깊이가 얼마나 깊은지 결코 몰랐다는 사실입니다. 또 다른 뼈아픈 사실은, 아무리 애를 쓰고 하나님께 도움을 구하며 기도한다 해도 우리 안의 흉측한 괴물을 말살하기에는 너무나 역부족이라는 점입니다. 하나님께 소망을 두는 법, 자기 안에 있는 온갖 교만의 권세에도 불구하고 꾸준히 하나님과 사람 앞에 굴복하는 법을 깨닫는 자는 축복받은 사람입니다. 우리는 인간 본성의 법칙을 잘 알고 있습니다. 행동은 습관을 낳고, 습관은 기질을 키웁니다. 기질은 의지를 만들고, 올바로 형성된 의지는 곧 성품이 됩니다.

은혜가 역사하는 과정도 다르지 않습니다. 거듭 반복된 행동이 습관과 기질을 낳고, 습관과 기질이 의지를 단단히 다지는 동안, 우리가 의지를 발휘하고 행동할 수 있도록 역사하시는 하나님께서 그분의 전능한 능력과 성령으로 임하십니다. 회개하는 성도가 교만한 마음으로 하나님 앞에 자기를 맡긴 적이 많았습니다. 그런 교만한 마음을 낮춘다면 겸손한 마음이라는 '더 큰 은혜'를 상으로 받게 됩니다. 그 겸손한 심령 안에서 예수님의 영이 승리를 거두셨고 새로운 본성을 완성시키셨습니다. 온유하고 겸손한 자이신 예수님은 이제부터 영원히 겸손한 마음 안에 거하십니다.

주님이 보시는 가운데 여러분 자신을 낮추십시오. 그러면 주님이 여러분을 높이실 것입니다. 그렇다면 높임의 의미는 무엇일까요? 피조물인 인간에게 최고의 영광은 하나님의 영광을 받아 누리고 그것을 드러내 보여주는 유일한 그릇이 되는 데 있습니다. 하나님이 모든 것이 되시도록 우리 자신은 아무것도 아닌 것이 되기를 자처할 때라야 비로소 하나님의 온전한 그릇이 될 수 있습니다.

모름지기 물은 가장 낮은 곳부터 먼저 채우기 마련입니다. 하나님 앞에 더 낮은 자세로 자기를 더 많이 비울수록 하나님의 영광이 더욱 빠르고 더욱 충만하게 우리 심령으로 흘러들어올 것입니다. 하나님이 약속하신 높임은 하나님 자신과 떨어져 있는 외형적인 것이 아닙니다. 그런 것이 될 리도 없습니다. 하나님이 반드시 주셔야 하거나 주실 수 있는 것은 오로지 자기 자신뿐입니다. 우리가 더 완전한 소유권을 주장할 대상으로 하나님 자신을 주시는 것입니다. 높임은 세상적인 상처럼 상을 받을 만한 행위와 필연적 관련성이 없는 자의적인 것이 아닙니다. 사실상 높임은 우리 자신을 낮추는 것에 따른 결과입니다. 그것은 우리가 하나님의 내주하심을 충만하게 받아들일 수 있게 해주는 겸손의 선물입니다. 다시 말해, 하나님이 우리를 높이시는 것은 우리 안에 신령하게 깃든 겸손의 선물이요, 하나님의 어린 양의 겸손에 순종하고 그 겸손을 소유함으로 얻는 선물입니다.

"자기를 낮추는 자는 높아지리라." 이 말씀이 진리임을 입증하신 분이 바로 예수님 자신입니다. 이 말씀이 확실히 우리에게 성취되리라 서약하신 분도 예수님입니다. 예수님의 멍에를 메고 그분에 대해 배워야 합니다. 예수님이야말로 온유하고 겸손한 심령을 지니신 분이기 때문입니다. 예수님이 우리에게 자기를 낮추셨듯 우리가 기꺼이 그분께 우리를 낮춘다면 예수님은 우리 한 사람 한 사람에게 또다시 자기를 낮추실 것이고 우리는 그분과 함께 멍에를 메고 있음을 깨닫게 됩니다. 예수님이 당하신 굴욕에 더 깊이 동참할 때, 우리 자신을 낮추거나 사람들이 우리를 낮추려는 상황을 감내할 때, 우리를 높이시는 예수님의 영이자 영광의 영 곧 하나님의 영이 우리에게 임하심을 믿게 될 것입니다. 영광 받으실 그리스도의 임재와 권능이 겸손한 영을 지닌 이들에게 임하십니다. 하나님이 우리 안에 그분의 합당한 자리를 다시 취하실 때 하나님은 우리를 높이십니다. 여러분을 낮추는 가운데 오직 하나님의 영광만을 여러분의 관심사로 삼으십시오. 그러면 하나님이 여러분의 겸손을 완성시키시고 영원한 생명이신 그의 아들의 영을 여러분 안에 불어넣는 가운데 여러분의 영광을 그분의 관심사로 삼으실 것입니다. 곳곳에 배어든 하나님의 생명이 여러분을 소유할 때, 자아에 대한 생각이나 소원이 없는 '아무것도 아닌 존재가 되는 것'이야말로 가장 자연스럽고 감미로운 것이 됩니다. 모든 것을 채우시는 하나님을 향해 여러분의 온 존재가 열중하기 때문입니다.

"도리어 크게 기뻐함으로 나의 여러 약한 것들에 대하여 자랑하리니 이는 그리스도의 능력이 내게 머물게 하려 함이라"(고후 12:9).

형제자매 여러분, 우리가 거룩함을 추구하는 과정에서 우리의 헌신과 믿음이 별 소용이 없었던 이유가 여기에 있진 않습니까? 믿음이라는 이름으로 행했으나 사실은 자아가 한 일이요, 자아의 힘이 행한 일이었습니다. 하나님께 부르짖었지만 이는 자아를 위한 외침, 자아의 행복을 구하는 목소리였습니다. 무의식적이긴 했지만 사실상 우리 영혼은 자아에 대해 기뻐하고 자아의 거룩함을 만끽했습니다. 하나님과 사람과 함께 살아가는 우리 삶 전반에 고루 배어 있고 그런 삶의 흔적이 되는 겸손, 절대적이고 영원한 겸손, 예수님을 닮은 겸손, 그리고 자기를 내세우지 않는 태도가 곧 우리가 추구하는 거룩한 삶의 가장 본질적인 요소임을 우리는 절대 몰랐습니다.

오직 하나님을 소유할 때만 나 자신이 모습을 감추게 됩니다. 햇살 속에 떠다니는 작디작은 티끌이 보이는 곳은 찬란한 햇빛 한가운데입니다. 이와 마찬가지로 겸손은 우리가 하나님의 사랑이라는 햇빛 속에 거하는 작은 티끌에 불과한 존재가 되기 위해 하나님의 임재 안에서 우리가 있어야 할 자리에 서는 것입니다.

"하나님은 참으로 위대하시며 나는 참으로 보잘것없도다! 그 광대하신 사랑 속에 나를 잃고 삼킨 바 되었으니 오직 하나님만 계시고 나는 없노라!"

겸손해지는 것, 하나님의 임재 안에 아무것도 아닌 존재가 되는 것이야말로 그리스도인의 삶에서 가장 고귀한 성취요 풍성한 축복임을 믿도록 하나님이 우리에게 가르쳐주시길 바랍니다. 하나님이 우리에게 말씀하십니다.

"내가 높고 거룩한 곳에 있으며 또한 통회하고 마음이 겸손한 자와 함께 있나니 이는 겸손한 자의 영을 소생시키며 통회하는 자의 마음을 소생시키려 함이라"(사 57:15).

이 말씀을 우리 것으로 삼기를 바랍니다!

"오, 더 비우고 더 낮아지게 하소서
대단치 않아 눈에 띄지 않는 무명의 존재이게 하소서
하나님께는 더욱 거룩한 그릇이 되어
그리스도만, 오직 그리스도만 채우게 하소서"

NOTE

가장 중요한 비밀: 겸손은 곧 참된 기도의 영혼.
마음의 자세가 새로워질 때까지, 마음속 모든 세속적인 욕망을 비우고 하나님을 향한 끊

임없는 갈급함 속에 설 때까지, 다시 말해 참된 기도의 영을 품고 있을 때까지, 그때까지는 우리의 모든 기도가 마치 학생들에게 전하는 교훈과 별로 다를 바 없을 것이다. 우리는 그저 감히 소홀히 할 수 없다는 이유로 대부분 기도를 드릴 것이다. 하지만 낙심하지 말라. 다음 조언을 따르면, 교회에 갔을 때 물론 찬송이나 기도의 말이 마음의 말보다 소리가 크기는 하겠지만 그래도 단순히 입술로만 수고하거나 위선을 행할 위험은 없다. 이렇게 하라. 세리가 성전에 올라갔던 그 자세로 교회에 가라. 그가 땅만 바라보며 "하나님이여 불쌍히 여기소서 나는 죄인이로소이다"(눅 18:13)라는 말만 겨우 밖으로 내뱉었던 그런 마음의 자세로 서라. 이런 마음의 자세나 상태를 변함없이 지켜가고, 이런 소망을 계속 간직하라. 여러분의 입에서 나오는 모든 간구의 말이 그 마음의 자세로 인해 거룩해질 것이다. 그리고 말씀이나 찬송, 기도가 마음의 말보다 더 고상할 때, 그 순간을 세리의 자세를 더욱 더 닮아가는 기회로 삼아라. 그러면 여러분의 마음보다 더 나은 마음에만 속할 것 같아 보이는 기도와 찬송으로 도움을 받고 큰 축복을 받을 것이다.

이것이 곧 비밀 중의 비밀, 가장 중요한 비밀이다. 이 비밀은 여러분이 심지 않은 데서 거두도록 도와주고, 여러분의 영혼에 끊임없이 은혜를 부어주는 은혜의 원천이 될 것이다. 내적으로 우리의 마음을 흔들거나 외적으로 우리에게 닥치는 어떤 것이 우리 안에 겸손한 마음 상태를 일깨운다면 그 모든 것은 여러분에게 실로 유익한 것이 된다. 겸손한 영혼은 그 무엇도 헛되거나 무익하게 여기지 않기 때문에 언제나 거룩하게 성장하는 상태를 유지한다. 겸손한 영혼 위에 떨어지는 모든 것은 하늘에서 내리는 이슬과도 같다. 그러므로 겸손의 틀 안에 들어가 스스로를 단속하라. 모든 선한 것은 겸손 안에 있다. 겸손은 타락한 영혼의 불길을 신령한 생명의 온유함으로 변화시키고, 하나님과 사람을 향한 사랑이 활활 타오르게 하는 기름을 만들어내는 하늘의 물이다. 그러니 겸손 안에 거하라. 겸손으로 옷을 삼고, 겸손으로 띠를 삼아라. 언제나 우리 몸을 감싸고 덮어주는 옷이자 허리에 동이는 띠가 곧 겸손이 되게 하라. 오직 겸손의 영으로 호흡하고, 겸손의 눈으로 보고 겸손의 귀로 들으라. 그러면 여러분이 교회 안에 있든 교회 밖에 있든,

하나님을 찬양하는 소리를 듣든 다른 사람들에게 해를 입든, 모든 것이 신앙적인 공부가 되고 하나님의 생명 안에서 여러분이 점점 성장해 나가는 데 도움이 될 것이다.

- 윌리엄 로, 「The Spirit of Prayer」

겸손을 구하는 기도

모든 것을 진리에 비추어 시험해볼 확실한 기준을 제시하자면 그 기준은 이러하다. 한 달만이라도 세상과 거리를 두고 모든 대화에서 물러나 있으라. 글을 쓰지도 말고 읽지도 말라. 괜히 혼자 생각에 골몰하지도 말라. 우리 마음과 정신이 예전에 하던 일을 전부 그만두라. 다음에 나오는 기도의 틀에 따르면서 마음의 힘을 전부 끌어 모아 가능한 한 지속적으로 한 달간 이 상태를 유지하라. 틈나는 대로 자주 무릎을 꿇고 기도하되, 앉아 있든 걷고 있든 서 있든 항상 마음으로 간절히 바라면서 진심을 다해 이렇게 기도하라.

"크나큰 선하심으로 함께하시는 하나님, 저로 하여금 교만에 대해 알게 하시고 어떤 종류든 어떤 형태든 얼마만큼의 분량이든 교만이란 교만은 전부 제 마음에서 가져가주옵소서. 그것이 악한 영에서 비롯되었든 저의 부패한 본성에서 비롯되었든 제 안의 모든 교만을 없애주옵소서. 하나님의 빛과 성령을 수용할 수 있게 하는 그 겸손의 심오한 깊이와 진리를 제 안에 일깨워주옵소서."

고통 중에 있는 사람들이 기도하길 원하고 고통에서 벗어나길 바라는 것처럼 진실되고 진지한 자세로, 아주 간절한 마음으로 이렇게 기도하고 기다리는 것 말고는 다른 모든 생각을 물리쳐야 한다. ……우리가 진심과 성실을 다해 이런 기도의 영에 열중할 수 있다면, 단언컨대 우리 안에 막달라 마리아 안에 있던 악한 영보다 곱절이나 많은 악한 영들이 있다 해도 전부 내쫓김을 당하고 우리는 거룩하신 예수님의 발치에서 마리아와 함께 눈물지을 것이다. 예수님의 사랑에 감격한 벅찬 눈물을 흘리게 된다.

- 윌리엄 로, 『The Spirit of Prayer』

Humility

Preface

There are three great motives that urge us to humility. It becomes me as a creature, as a sinner, as a saint. The first we see in the heavenly hosts, in unfallen man, in Jesus as Son of Man. The second appeals to us in our fallen state, and points out the only way through which we can return to our right place as creatures. In the third we have the mystery of grace, which teaches us that, as we lose ourselves in the overwhelming greatness of redeeming love, humility becomes to us the consummation of everlasting blessedness and adoration.

In our ordinary religious teaching, the second aspect has been too exclusively put in the foreground, so that some have even gone to the extreme of saying that we must keep sinning of we are indeed to keep humble. Others again have thought that the strength of self-condemnation is the secret of humility. And the Christian life has suffered loss, where believers have not been distinctly guided to see that, even in our relation as creatures nothing is more natural and beautiful and blessed than to be nothing, that God may be all; or where it has not been made clear that it is not sin that humbles most, but grace, and that it is the soul, led through its sinfulness to be occupied with God in His wonderful glory as God, as Creator and Redeemer, that will truly take the lowest place before Him.

In these meditations I have, for more than one reason, almost exclusively directed attention to the humility that becomes us

as creatures. It is not only that the connection between humility and sin is so abundantly set forth in all our religious teaching, but because I believe that for the fullness of the Christian life it is indispensable that prominence be given to the other aspect. If Jesus is indeed to be our example in His lowliness, we need to understand the principles in which it was rooted, and in which we find the common ground on which we stand with Him, and in which our likeness to Him is to be attained. If we are indeed to be humble, not only before God but towards men, if humility is to be our joy, we must see that it is not only the mark of shame, because of sin, but, apart from all sin, a being clothed upon with the very beauty and blessedness of heaven and of Jesus. We shall wee that just as Jesus found His glory in taking the form of a servant, so when He said to us, "Whosoever would be first among you, shall be your servant," He simply taught us the blessed truth that there is nothing so divine and heavenly as being the servant and helper of all. The faithful servant, who recognizes his position, finds a real pleasure in supplying the wants of the master or his guests. When we see that humility is something infinitely deeper than contrition, and accept it as our participation in the life of Jesus, we shall begin to learn that it is our true nobility, and that to prove it in being servants of all is the highest fulfillment of our destiny, as men created in the image of God.

When I look back upon my own religious experience, or round upon the Church of Christ in the world, I stand amazed

at the thought of how little humility is sought after as the distinguishing feature of the discipleship of Jesus. In preaching and living in the daily intercourse of the home and social life, in the more special fellowship with Christians, in the direction and performance of work for Christ,—alas! how much proof there is that humility is not esteemed the cardinal virtue, the only root from which the graces can grow, the one indispensable condition of true fellowship with Jesus. That it should have been possible for men to say of those who claim to be seeking the higher holiness, that the profession has not been accompanied with increasing humility, is a loud call to all earnest Christians, however much or little truth there be in the charge, to prove that meekness and lowliness of heart are the chief mark by which they who follow the meek and lowly Lamb of God are to be known.

Humility: The Glory of the Creature

> "They shall cast their crowns before the throne, so saying: Worthy art Thou, our Lord and our God, to receive the glory, and the honor and the power: for Thou didst create all things, and because of Thy will then are, and were created."
>
> —*Revelation. 4:11*

When God created the universe, it was with the one object of making the creature partaker of His perfection and blessedness, and so showing forth in it the glory of His love and wisdom and power, God wished to reveal Himself in and through created beings by communicating to them as much of His own goodness and glory as they were capable of receiving, But this communication was not a giving to the creature something which it could possess in itself, a certain life or goodness, of which it had the charge and disposal. By no means. But as God is the ever-living, ever-present, ever-acting One, who upholdeth all things by the word of His power, and in whom all things exist, the relation of the creature to God could only be one of unceasing, absolute, universal dependence. As truly as God by His power once created, so truly by that same power must God every moment maintain. The creature has not only to look back to the origin and first beginning of existence, and acknowledge that it there owes everything to God; its chief care, its highest virtue, its only happiness, now and through all eternity, is to present itself an empty vessel, in which God can dwell and manifest His power and goodness.

The life God bestows is imparted not once for all, but each moment continuously, by the unceasing operation of His mighty power. Humility, the place of entire dependence on God, is, from the very nature of things, the first duty and the highest virtue of the creature, and the root of every virtue.

And so pride, or the loss of this humility, is the root of every sin and evil. It was when the now fallen angels began to look upon themselves with self-complacency that they were led to

disobedience, and were cast down from the light of heaven into outer darkness. Even so it was, when the serpent breathed the poison of his pride, the desire to be as God, into the hearts of our first parents, that they too fell from their high estate into all the wretchedness in which man is now sunk. In heaven and earth, pride, self-exaltation, is the gate and the birth, and the curse, of hell. (NOTE 1)

Hence it follows that nothing can be our redemption, but the restoration of the 'lost humility, the original and only true relation of the creature to its God. And so Jesus came to bring humility back to earth, to make us partakers of it, and by it to save us. In heaven He humbled Himself to become man. The humility we see in Him possessed Him in heaven; it brought Him, He brought it, from there. Here on earth "He humbled Himself, and became obedient unto death"; His humility gave His death its value, and so became our redemption. And now the salvation He imparts is nothing less and nothing else than a communication of His own life and death, His own disposition and spirit, His own humility, as the ground and root of His relation to God and His redeeming work. jesus christ took the place and fulfilled the destiny of man, as a creature, by His life of perfect humility. His humility is our salvation. His salvation is our humility.

And so the life of the saved ones, of the saints, must needs bear this stamp of deliverance from sin, and full restoration to their original state; their whole relation to God and man marked by an all-pervading humility. Without this there can be no true

abiding in God's presence, or experience of His favor and the power of His Spirit; without this no abiding faith, or love or joy or strength. Humility is the only soil in which the graces root; the lack of humility is the sufficient explanation of every defect and failure. Humility is not so much a grace or virtue along with others; it is the root of all, because it alone takes the right attitude before God, and allows him as God to do all.

God has so constituted us as reasonable beings, that the truer the insight into the real nature or the absolute need of a command, the readier and fuller will be our obedience to it. The call to humility has been too little apprehended. It is not a something which we bring to God, or He bestows; it is simply the sense of entire nothingness, which comes when we see how truly God is all, and in which we make way for God to be all. When the creature realizes that this is the true nobility, and consents to be with his will, his mind, and his affections, the form, the vessel in which the life and glory of God are to work and manifest themselves, he sees that humility is simply acknowledging the truth of his position as creature, and yielding to God His place.

In the life of earnest Christians, of those who pursue and profess holiness, humility ought to be the chief mark of their uprightness. It is often said that it is not so. May not one reason be that in the teaching and example of the Church, it has never had that place of supreme importance which belongs to it? And that this, again, is owing to the neglect of this truth,

that strong as sin is as a motive to humility, there is one of still wider and mightier influence, that which makes the angels, that which made Jesus, that which makes the holiest of saints in heaven, so humble; that the first and chief mark of the relation of the creature, the secret of his blessedness, is the humility and nothingness which leaves God free to be all?

I am sure there are many Christians who will confess that their experience has been very much like my own in this, that we had long known the Lord without realizing that meekness and lowliness of heart are to be the distinguishing feature of the disciple as they were of the Master. And further, that this humility is not a thing that will come of itself, but that it must be made the object of special desire and prayer and faith and practice. As we study the word, we shall see what very distinct and oft-repeated instructions Jesus gave His disciples on this point, and how slow they were in understanding Him. Let us, at the very commencement of our meditations, admit that there is nothing so natural to man, nothing so insidious and hidden from our sight, nothing so difficult and dangerous, as pride. Let us feel that nothing but a very determined and persevering waiting on God and Christ will discover how lacking we art in the grace of humility, and how impotent to obtain what we seek. let us study the character of Christ until our souls art filled with the love and admiration of His lowliness. And let us believe that, when we art broken down under a sense of our pride, and our impotence to cast it out, Jesus Christ Himself will come in to impart this grace

too, as a part of His wondrous life within us.

NOTE 1

"All this is to make it known the region of eternity that pride can degrade the highest angels into devils, and humility raise fallen flesh and blood to the thrones of angels. Thus, this is the great end of God raising a new creation out of a fallen kingdom of angels: for this end it stands in its state of war betwixt the fire and pride of fallen angels, and the humility of the Lamb of God, that the last trumpet may sound the great truth through the depths of eternity, that evil can have no beginning but from pride, and no end but from humility. The truth is this: Pride may die in you, or nothing of heaven can live in you. Under the banner of the truth, give yourself up to the meek and humble spirit of the holy Jesus. Humility must sow seed, or there can be no reaping in Heaven. Look not at pride only as an unbecoming temper, nor at humility only as a decent virtue: for the one is death, and the other is life; the one is all hell, the other is all heaven. So much as you have of pride within you, you have of the fallen angels alive in you; so much as you have of true humility, so much you have of the Lamb of God within you. Could you see what every stirring of pride does to your soul, you would beg of everything you meet to tear the viper from you, though with the loss of a hand or an eye. Could you see what a sweet, divine, transforming power there is in humility, how it expels the poison of your nature, and makes room for the Spirit of God to live in you, you would rather wish to be the footstool of all the world than want the smallest degree of it."

- William Law, *The Spirit of Prayer*

Humility : The Secret of Redemption

"Have this mind in you which was also in Christ Jesus: who emptied Himself; taking the form of a servant; and humbled Himself; becoming obedient even unto death. Wherefore God also highly exalted Him."

—*Philippians 2:5-9*

No tree can grow except on the root from which it sprang. Through all its existence it can only live with the life that was in the seed that gave it being. The full apprehension of this truth in its application to the first and the Second Adam cannot but help us greatly to understand both the need and the nature of the redemption there is in Jesus.

The Need.—When the Old Serpent, he sho had been cast out from heaven for his pride, whose whole nature as devil was pride, spoke his words of temptation into the ear of Eve, these words carried with them the very poison of hell. And when she listened, and yielded her desire and her will to the prospect of being as God, knowing good and evil, the poison entered into her soul and blood and life, destroying forever that blessed humility and dependence upon God which would have been our everlasting happiness. And instead of this, her life and the life of the race that sprang from her became corrupted to its very root with that most terrible of all sins and all curses, the poison of Satan's own pride. All the wretchedness of which this world has been the scene, all its wars and bloodshed among the nations, all its selfishness and suffering, all its ambitions and jealousies, all its broken hearts and embittered lives, with all its daily unhappiness, have their origin in what this cured, hellish pride, either our own, or that of others, has brought us. It is pride that made redemption needful; it is from our pride we need above everything to be redeemed. And our insight into the need of redemption will largely depend upon our know ledge of the

terrible nature of the power that has entered our being.

No tree can grow except on the root from which it sprang. The power that Satan brought from hell, and cast into man's life, is working daily, hourly, with mighty power throughout the world. Men suffer from it; they fear and fight and flee it; and yet they know not whence it comes, whence it has its terrible supremacy. No wonder they do not know where or how it is to be overcome. Pride has its root and strength in a terrible spiritual power, outside of us as well as within us; as needful as it is that we confess and deplore it as our very own, is to know it in its Satanic origin. If this leads us to utter despair of ever conquering or casting it out, it will lead us all the sooner to that supernatural power in which alone our deliverance is to be found—the redemption of the Lamb of God. The hopeless struggle against the workings of self and pride within us may indeed become still more hopeless as we think of the power of darkness behind it all; the utter despair will fit us the better for realizing and accepting a power and a life outside of ourselves too, even the humility of heaven as brought down and brought nigh by the Lamb of God, to cast out Satan and his pride.

No tree can grow except on the root from which it sprang. Even as we need to look to the first Adam and his fall to know the power of the sin within us, we need to know well the Second Adam and His power to give within us a life of humility as real and abiding and overmastering as has been that of pride. We have our life from and in Christ, as truly, tea more truly, than

from and in Adam. We are to walk "rooted in Him," "holding fast the Head from whom the whole body increaseth with the increase of God." The life of God which in the incarnation entered human nature, is the root in which we are to stand and grow; it is the same almighty power that worked there, and thence onward to the resurrection, which works daily in us. Our one need is to study and know and trust the life that has been revealed in Christ as the life that is now ours, and waits for our consent to gain possession and mastery of our whole being.

In this view it is of inconceivable importance that we should have right thoughts of what Christ is, of what really constitutes Him the Christ, and specially of what may be counted His chief characteristic, the root and essence of all His character as our Redeemer. There can be but one answer: it is His humility. What is the incarnation but His heavenly humility, His emptying Himself and becoming man? What is His life on earth but humility. His taking the form of a servant? And what is His atonement but humility? "He humbled Himself and became obedient unto death." And what is His ascension and His glory, but humility exalted to the throne and crowned with glory? "He humbled Himself, therefore God highly exalted Him." In heaven, where He was with the Farther, in His birth, in His life, in His death, in His sitting on the throne, it is all, it is nothing but humility. Christ is the humility of God embodied in human nature; the Eternal Love humbling itself, clothing itself in the garb of meekness and gentleness, to win and serve and save

us. As the love and condescension of God makes Him the benefactor and helper and servant of all, so Jesus of necessity was the Incarnate Humility. And so He is still in the midst of the throne, the meek and lowly Lamb of God.

If this be the root of the tree, its nature must be seen in every branch and leaf and fruit. If humility be the first, the all-including grace of the life of Jesus,—if humility be the secret of His atonement,—then the health and strength of our spiritual life will entirely depend upon our putting this grace first too, and making humility the chief thing we admire in Him, the chief thing we ask of Him, the one thing for. which we sacrifice all else. (NOTE 2)

Is it any wonder that the Christian life is so often feeble and fruitless, when the very root of the Christ life is neglected, is unknown? Is it any wonder that the joy of salvation is so little felt, when that in which Christ found it and bring it, is so little sought? Until a humility which will rest in nothing less than the end and death of self; which gives up all the honor of men as Jesus did, to seek the honor that comes from God alone; which absolutely makes and counts itself nothing, that God may be all, that the lord alone may be exalted,—until such a humility be what we seek in Christ above our chief joy, and welcome at any price, there is very little hope of a religion that will conquer the world.

I cannot too earnestly plead with my reader, if possibly his attention has never yet been specially directed to the want there is of humility within him or around him, to pause and ask whether he sees much of the spirit of the meek and lowly

Lamb of God in those who are called by His name. Let him consider how all want of love, all indifference to the needs, the feelings, the weakness of others; all sharp and hasty judgments and utterances, so often excused under the plea of being outright and honest; all manifestations of temper and touchiness and irritation; all feelings of bitterness and estrangement, have their root in nothing but pride, that ever seeks itself, and his eyes will be opened to see how a dark, shall I not say a devilish pride, creeps in almost everywhere, the assemblies of the saints not excepted, Let him begin to ask what would be the effect, if in himself and around him, if towards fellow-saints and the world, believers were really permanently guided by the humility of Jesus; and let him say if the cry of our whole heart, night and day, ought not to be, Oh for the humility of Jesus in myself and all around me! Let him honestly fix his heart on his own lack of the humility which has been revealed in the likeness of Christ's life, and in the whole character of His redemption, and he will begin to feel as if he had never yet really known what Christ and His salvation is.

Believer! study the humility of Jesus. This is the secret, the hidden root of thy redemption. Sink down into it deeper day by day. Believe with thy whole heart that this Christ, whom God has given thee, even as His divine humility wrought the work for thee, will enter in to dwell and work within thee too, and make thee what the Father would have thee be.

NOTE 2

"We need to know two things: 1. That our salvation consists wholly in being saved from ourselves, or that which we are by nature; 2. That in the whole nature of things nothing could be this salvation or savior to us but such a humility of God as is beyond all expression. Hence the first unalterable term of the Savior to fallen man: Except a man denies himself, he cannot be My disciple. Self is the whole evil of fallen nature; self-denial is our capacity of being saved; humility is our savior ... Self is the root, the branches, the tree, of all the evil of our fallen state. All the evils of fallen angels and men have their birth in the pride of self. On the other hand, all the virtues of the heavenly life are the virtues of humility. It is humility alone that makes the unpassable gulf between heaven and hell. What is then, or in what lies, the great struggle for eternal life? It all lies in the strife between pride and humility: pride and humility are the two master powers, the two kingdoms in strife for the eternal possession of man. There never was, nor ever will be, but one humility, and that is the one humility of Christ. Pride and self have the all of man, till man has all from Christ. He therefore only fights the good fight whose strife is that the self-idolatrous nature which he hath from Adam may be brought to death by the supernatural humility of Christ brought to life in him."

- William Law, *Address to the Clergy*

Humility in the Life of Jesus

"I am in the midst of you as he that serveth."

—*Luke 22:27*

In the Gospel of John we have the inner life of our Lord laid open to us. Jesus speaks frequently of His relation to the Father, of the motives by which He is guided, of His consciousness of the power and spirit in which He acts. Though the word humble does not occur, we shall nowhere in Scripture see so clearly wherein His humility consisted. We have already said that this

grace is in truth nothing but that simple consent of the creature to let God be all, in virtue of which it surrenders itself to His working alone. In Jesus we shall see how both as the Son of God in heaven, and as man upon earth, He took the place of entire subordination, and gave God the honor and the glory which is due to Him— And what He taught so often was made true to Himself: "He that humbleth him: shall be exalted." As it is written, "He humbled Himself, therefore God highly exalted Him."

Listen to the words in which our Lord speaks of His relation to the Father, and how unceasingly He sues the words not, and nothing, of Himself. The not I, in which Paul expresses his relation to Christ, is the very spirit of what Christ says of His relation the Father.

"The Son can do nothing of Himself" (John 5:19)

"I can of My own self do nothing; My judgment is just, because I seek not Mine own will" (John 5:30)

"I receive not glory from men" (John 5:41)

"I am come not to do Mine own will" (John 6:38)

"My teaching is not Mine" (John 7:16)

"I am not come of Myself" (John 7:28)

"I do nothing of Myself" (John 8:28)

"I have not come of Myself, but He sent Me" (John 8:42)

"I seek not Mine own glory" (John 8:50)

"The words that I say, I speak not from Myself" (John 14:10)

"The word which ye hear is not Mine" (John 14:24)

These words open to us the deepest roots of Christ's life and

work. They tell us how it was that the Almighty God was able to work His mighty redemptive work through Him. They show what christ counted the state of heart which became Him as the Son of the Father. They teach us what the essential nature and life is of that redemption which Christ accomplished and now communicates. it is this: He was nothing, that God might be all. He resigned Himself with His will and His powers entirely for the Father to work in Him. Of His own power, His own will, and His own glory, of His whole mission with all His works and His teaching, of all this He said, It is not I; I am nothing; I have given Myself to the Father to work; I am nothing, the Father is all.

This life of entire self-abnegation, of absolute submission and dependence upon the Father's will, Christ found to be one of perfect peace and joy. He lost nothing by giving all to God. God honored His trust, and did all for Him, and then exalted Him to His own right hand in glory. And because Christ had thus humbled Himself before God, and God was ever before Him, He found it possible to humble Himself before men too, and to be the servant of all. His humility was simply the surrender of Himself to God, to allow Him to do in Him what he pleased, whatever men around might say of Him, or do to Him.

It is in this state of mind, in this spirit and disposition, that the redemption of Christ has its virtue and efficacy. it is to bring us to this disposition that we are made partakers of Christ. This is the true self-denial to which our Savior calls us, the acknowledgment that self has nothing good in it, except as an

empty vessel which God must fill, and that its claim to be or do anything may not for a moment be allowed. It is in this, above and before everything, in which the conformity to Jesus consists, the being and doing nothing of ourselves, that God may be all.

Here we have the root and nature of true humility. It is because this is not understood or sought after, that our humility is so superficial and so feeble. We must learn of Jesus, how He is meek and lowly of heart. He teaches us where true humility takes its rise and finds its strength—in the knowledge that it is God who worketh all in all, that our place is to yield to Him in perfect resignation and dependence, in full consent to be and to do nothing of ourselves. This is the life Christ came to reveal and to impart—a life to God that came through death to sin and self. If we feel that this life is too high for us and beyond our reach, it must but the more urge us to seek it in Him; it is the indwelling Christ who will live in us this life, meek and lowly. If we long for this, let us, meantime, above every creature, and above all, every child of God, is to be the witness,—that it is nothing but a vessel, a channel, through which the living God can manifest the riches of His wisdom, power, and goodness. The root of all virtue and grace, of all faith and acceptable worship, is that we know that we have nothing but what we receive, and bow in deepest humility to wait upon God for it.

It was because this humility was not only a temporary sentiment, wakened up and brought into exercise when He thought of God, but the very spirit of His whole life, that Jesus

was just as humble in His intercourse with men as with God. He felt Himself the Servant of God for the men whom God made and loved; as a natural consequence, He counted Himself the Servant of men, that through Him God might do His work of love. He never for a moment thought of seeking His honor, or asserting His power to vindicate Himself. His whole spirit was that of a life yielded to God to work in. It is not until Christians study the humility of Jesus as the very essence of His redemption, as the very blessedness of the life of the Son of God, as the only true relation to the Farther, and therefore as that which Jesus must give us if we are to have any part with Him, that the terrible lack of actual, heavenly, manifest humility will become a burden and a sorrow, and our ordinary religion be set aside to secure this, the first and the chief of the marks of the Christ within us.

Brother, are you clothed with humility? Ask your daily life. Ask Jesus. Ask your friends. Ask the world. And begin to praise God that there is opened up to you in Jesus a heavenly humility of which you have hardly known, and through which a heavenly blessedness you possibly have never yet tasted can come in to you.

Humility in the Teaching of Jesus

"Learn of Me, for I am meek and lowly of heart,"

—*Matthew 11:29*

"Whosoever will be chief among you, let him be your servant, even as the Son of Man came to server."

—*Matthew 20:27-28*

We have seen humility in the life of Christ, as He laid open His heart to us: let us listen to His teaching. There we shall hear how He speaks of it, and how far He expects men, and specially His disciples, to be humble as He was. Let us carefully study the passages, which I can scarce do more than quote, to receive the full impression of how often and how earnestly He taught it: it may help us to realize what He asks of us.

1. Look at the commencement of His ministry. In the Beatitudes with which the Sermon on the Mount opens, He speaks: "Blessed are the poor in spirit; for theirs is the kingdom of heaven. Blessed are the meek; for they shall inherit the earth." The very first words of His proclamation of the kingdom of heaven reveal the open gate through which alone we enter. The poor, who have nothing in themselves, to them the kingdom comes. The meek, who seek nothing in themselves, theirs the earth shall be. The blessings of heaven and earth are for the lowly. For the heavenly and the earthly life, humility is the secret of blessing.

2. "Learn of Me; for I am meek and lowly of heart, and ye shall find rest for your souls." Jesus offers Himself as Teacher. He tells what the spirit both is, which we shall find Him as Teacher, and which we can learn receive from Him. Meekness and lowliness the one thing He offers us; in it we shall find perfect rest of soul. Humility is to be a salvation.

3. The disciples had been disputing who would be the greatest in the kingdom, and had agreed to ask the Master (Luke 9:46; Matt. 18:3). He set a child in their midst and said, "Whosoever shall

humble himself as this little child, shall be exalted." "Who the greatest in the kingdom of heaven?" The question is indeed a far-reaching one. What will be the chief distinction in the heavenly kingdom? The answer, none but Jesus would have given. The chief glory of heaven, the true heavenly-mindedness, the chief of the graces, is humility. "He that is least among you, the same shall be great."

4. The sons of Zebedee had asked Jesus to sit on His right and left, the highest place in the kingdom. Jesus said it was not His to give, but the Father's, who would give it to those for whom it was prepared. They must not look or ask for it. Their thought must be of the cup and the baptism of humiliation. And then He added, "Whosoever will be chief among you, let him be your servant. Even as the Son of Man came to serve." Humility, as it is the mark of Christ the heavenly, will be the one standard of glory in heaven: the lowliest is the nearest to God. The primacy in the Church is promised to the humblest.

5. Speaking to the multitude and the disciples, of the Pharisees and their love of the chief seats, Christ said once again (Matt. 23:11), "He that is greatest among you shall be your servant." Humiliation is the only ladder to honor in God's kingdom.

6. On another occasion, in the house of a Pharisee, He spoke the parable of the guest who would be invited to come up higher (Luke 14:1-11), and added, "For whosoever exalteth himself shall be abased; and he that humbleth himself shall be exalted." The demand is inexorable; there is no other way. Self-abasement

alone will be exalted.

7. After the parable of the Pharisee and the Publican, Christ spake again(Luke 18:14), "Everyone that exalteth himself shall be abased; and he that humbleth himself shall be exalted." In the temple and presence and worship of God, everything is worthless that is not pervaded by deep, true humility towards God and men.

8. After washing the disciples' feet, Jesus said(John 13:14), "If I then, the Lord and Master, have washed your feet, ye also ought to wash one another's feet." The authority of command, and example, every thought, either of obedience or conformity, make humility the first and most essential element of discipleship.

9. At the Holy Supper table, the disciples still disputed who should be greatest(Luke 22:26). Jesus said, "He that is greatest among you, let him be as the younger; and he that is chief, as he that doth serve. I am among you as he that serveth." The path in which Jesus walked, and which He opened up for us, the power and spirit in which He wrought out salvation, and to which He saves us, is ever the humility that makes me the servant of all.

How little this is preached. How little it is practice. How little the lack of it is felt or confessed. I do not say, how few attain to it, some recognizable measure of likeness to Jesus in His humility. But how few ever think, of making it a distinct object of continual desire or prayer. How little the world has seen it. How little has it been seen even in the inner circle of the Church.

"Whosoever will be chief among you, let him be your servant."

Would God that it might be given us to believe that Jesus means this! We all know what the character of a faithful servant or slave implies. Devotion to the master's interests, thoughtful study and care to please him, delight in his prosperity and honor and happiness. There are servants on earth in whom these dispositions have been seen, and to whom the name of servant has never been anything but a glory. To how many of us has it not been a new joy in the Christian life to know that we may yield ourselves as servants, as slaves to God, and to find that His service is our highest liberty,—the liberty from sin and self? We need now to learn another lesson,—that Jesus calls us to be servants of one another, and that, as we accept it heartily, this service too will be a most blessed one, a new and fuller liberty too from sin and self. At first it may appear hard; this is only because of the pride which still counts itself something. If once we learn that to be nothing before God is the glory of the creature, the spirit of Jesus, the joy of heaven, we shall welcome with our whole heart the discipline we may have in serving even those who try to vex us. When our own heart is set upon this, the true sanctification, we shall study each word of Jesus on self-abasement with new zest, and no place will be too low, and no stooping too deep, and no service too mean or too long continued, if we may but share and prove the fellowship with Him who spake, "I am among you as he that serveth."

Brethren, here is the path to the higher life. Down, lower down! This was what Jesus ever said to the disciples who were

thinking of being great in the kingdom, and of sitting on His right hand and His left. Seek not, ask not for exaltation; that is God's work. Look to it that you abase and humble yourselves, and take no place before God or man but that of servant; that is your work; let that be your one purpose and prayer. God is faithful. Just as water ever seeks and fills the lowest place, so the moment God finds the creature abased and empty, His glory and power flow in to exalt and to bless. He that humbleth himself—that must be our one care shall be exalted; that is God's care; by His mighty power and in His great love He will do it.

Men sometimes speak as if humility and meekness would rob us of what is noble and bold and manlike. Oh that all would believe that this is the nobility of the kingdom of heaven, that this is the royal spirit that the King of heaven displayed, that this is Godlike, to humble oneself, to become the servant of all! This is the path to the gladness and the glory of Christ's presence ever in us, His power ever resting on us.

Jesus, the meek and lowly One, calls us to learn of Him the path to God. Let us study the words we have been reading, until our heart is filled with the thought: My one need is humility. And let us believe that what He shows, He gives; what He is, He imparts. As the meek and lowly One, He will come in and dwell in the longing heart.

Humility in the Disciples of Jesus

"Let him that is chief among you be as he that doth serve."
—*Luke 22:26*

We have studied humility in the person and teaching of Jesus; let us now look for it in the circle of His chosen companions—the twelve apostles. If, in the lack of it we find in them, the contrast between Christ and men is brought out more clearly, it will help us to appreciate the mighty change which Pentecost wrought in them, and prove how real our participation can be in the perfect triumph of Christ's humility over the pride Satan had breathed into man.

In the texts quoted from the teaching of Jesus, we have already seen what the occasions were on which the disciples had proved how entirely wanting they were in the grace of humility. Once, they had been disputing the way which of them should be the greatest Another time, the sons of Zebedee with their mother had asked for the first places—the seat on the right hand and the left. And, later on, at the Supper table on the last night, there was again a contention which should be accounted the greatest. Not that there were not moments when they indeed humbled themselves before their Lord. So it was with Peter when he cried out, "Depart from me, Lord, for I am a sinful man." So, too, with the disciples when they fell down and worshiped him who had stilled the storm. But such occasional expressions of humility only bring out into stronger relief what was the habitual tone of

their mind, as shown in the natural and spontaneous revelation given at other times of the place and the power of self. The study of the meaning of all this will teach us most important lessons.

First, How much there may be of earnest and active, religion while humility is still sadly wanting.—See it in the disciples. There was in them fervent attachment to Jesus. They had forsaken all for Him. The Father had revealed to them that He was the Christ of God. They believed in Him. they loved Him, they obeyed His commandments. They had forsaken all to follow Him. When others went back, they clave to Him. They were ready to die with Him. But deeper down than all this there was a dark power, of the existence and the hideousness of which they were hardly conscious, which had to be slain and cast out, ere they could be the witnesses of the power of Jesus to save. It is even so still. We may find professors and ministers, evangelists and workers, missionaries and teachers, in whom the gifts of the Spirit are many and manifest, and who are the channels of blessing to multitudes, but of whom, when the testing time comes, or closer intercourse gives fuller knowledge, it is only too painfully manifest that the grace of humility, as an abiding characteristic, is scarce to be seen. All tends to confirm the lesson that humility is one of the chief and the highest graces; one of the most difficult of attainment; one to which our first and chiefest efforts ought to be directed; one that only comes in power, when the fullness of the Spirit makes us partakers of the indwelling Christ, and He lives within us.

Second, How impotent all external teaching and all personal effort is, to conquer pride or give the meek and lowly heart.—For three years the disciples had been in the training school of Jesus. he had told them what the chief lesson was He wished to teach them: "Learn of Me, for I am meek and lowly in heart." Time after time He had spoken to them, to the Pharisees, to the multitude, of humility as the only path to the glory of God. He had not only lived before them as the lamb of God in His divine humility, He had more than once unfolded to them the inmost secret of His life: "The Son of Man came not to be served, but to serve"; "I am among you as one that serveth." He had washed their feet, and told them they were to follow His example. And yet all had availed but little. At the Holy Supper there was still the contention as to who should be greatest. They had doubtless often tried to learn His lessons, and firmly resolved not again to grieve Him. but all in vain. To teach them and us the much needed lesson, that no outward instruction, not even of Christ Himself: no argument however convincing; no sense of the beauty of humility, however deep; no personal resolve or effort, however sincere and earnest,—can cast out the devil of pride. When Satan casts out Satan, it is only to enter afresh in a mightier, though more hidden power. Nothing can avail but this, that the new nature in its divine humility be revealed in power to take the place of the old, to become as truly our very nature as that ever was.

Third, It is only by the indwelling of Christ in His divine

humility that we become truly humble. We have our pride from another, from Adam; we must have our humility from Another too. Pride is ours, and rules in us with such terrible power, because it is ourself, our very nature. Humility must be ours in the same way; it must be our very self, our very nature. As natural and easy as it has been to be proud, it must be, it will be, to be humble. The promise is, "Where," even in the heart, "sin abounded, grace did abound more exceedingly." All Christ's teaching of His disciples, and all their vain efforts, were the needful preparation for His entering into them in divine power, to give and be in them what He had taught them to desire. In His death He destroyed the power of the devil, He put away sin, and effected an everlasting redemption. In His resurrection He received from the Father an entirely new life, the life of man in the power of God, capable of being communicated to men, and entering and renewing and filling their lives with His divine power. In His ascension He received the Spirit of the Father, through whom He might do what He could not do while upon earth, make Himself one with those He loved, actually live their life for them, so that they could live before the Father in a humility like His, because it was Himself who lived and breathed in them. And on Pentecost He came and took possession. The work of preparation and conviction, the awakening of desire and hope which His teaching had effected, was perfected by the mighty change that Pentecost wrought. And the lives and the epistles of James and Peter and John bear witness that all was

changed, and that the spirit of the meek and suffering Jesus had indeed possession of them.

What shall we say to these things? Among my readers I am sure there is more than one class. There may be some who have never yet thought very specially of the matter, and cannot at once realize its immense importance as a life question for the Church and its every member. There are others who have felt condemned for their shortcomings, and have put forth very earnest efforts, only to fail and be discouraged. Others, again, may be able to give joyful testimony of spiritual blessing and power, and yet there has never been the needed conviction of what those around them still see as wanting. And still others may be able to witness that in regard to this grace too the Lord has given deliverance and victory, while He has taught them how much they still need and may expect out of the fullness of Jesus. To whichever class we belong, may I urge the pressing need there is for our all seeking a still deeper conviction of the unique place that humility holds in the religion of Christ, and the utter impossibility of the Church or the believer being what Christ would have them be, as long as His humility is not recognized as His chief glory, His first command, and our highest blessedness. Let us consider deeply how far the disciples were advanced while this grace was still so terribly lacking, and let us pray to God that other gifts may not so satisfy us, that we never grasp the fact that the absence of this grace is the secret cause why the power of God cannot do its mighty work. It is only where we, life the Son, truly know and

show that we can do nothing of ourselves, that God will do all.

It is when the truth of an indwelling Christ takes the place it claims in the experience of believers, that the Church will put on her beautiful garments and humility be seen in her teachers and members as the beauty of holiness.

Humility in Daily Life

> "He that loveth not his brother whom he hath seen,
> how can he love God whom he hath not seen?"
>
> *—1 John 4:20*

What a solemn thought, that our love to God will be measured by our everyday intercourse with men and the love it displays; and that our love to God will ve found to be a delusion, except was its truth is proved in standing the test of daily life with our fellow-men. It is even so with our humility. It is easy to think we humble ourselves before God: humility towards men will be the only sufficient proof that our humility before God is real; that humility has taken up its abode in us; and become our very nature; that we actually, like Christ, have made ourselves of no reputation. When in the presence of God lowliness of heart has become, not a posture we pray to Him, but the very spirit of our life, it will manifest itself in all our bearing towards our brethren. The lesson is one of deep import: the only humility that is really ours is not that which we try to show before God in prayer, but that which we carry with us, and carry out, in our ordinary conduct; the insignificances of daily life are the importances and the tests of eternity, because they prove what really is the spirit that possesses us. It is in our most unguarded moments that we really show and see what we are. To know the humble man, to know how the humble man behaves, you must follow him in the common course of daily life.

Is not this what Jesus taught? It was when the disciples disputed who should be greatest; when he saw how the Pharisees loved the chief place at feasts and the chief seats in the synagogues; when He had given them the example of washing their feet,—that He taught His lessons of humility. Humility before God is nothing if not proved in humility before men.

It is even so in the teaching of Paul. To the Romans He writes: "In honor preferring one another"; "Set not your mind on high things, but condescend to those that are lowly." "Be not wise in your own conceit." To the Corinthians: "Love," and there is no love without humility as its root, "vaunteth not itself, is not puffed up, seeketh not its own, is not provoked." To the Galatians: "Through love be servants one of another. Let us not be desirous of vainglory, provoking one another, envying one another." To the Ephesians, immediately after the three wonderful chapters on the heavenly life: "Therefore, walk with all lowliness and meekness, with long-suffering, forbearing one another in love"; "Giving thanks always, subjecting yourselves one to another in the fear of Christ." To the Philippians: "Doing

nothing through faction or vainglory, but in lowliness of mind, each counting other better than himself. Have the mind in you which was also in Christ Jesus, who emptied Himself, taking the form of a servant, and humbled Himself." And to the Colossians: "Put on a heart of compassion, kindness, humility, meekness, long-suffering, forebearing one another, and forgiving each other, even as the Lord forgave you." It is in our relation to one another, in our treatment of one another, that the true lowliness of mind and the heart of humility are to be seen. Our humility before God has no value, but as it prepares us to reveal the humility of Jesus to our fellow-men. Let us study humility in daily life in the light of these words.

The humble man seeks at all times to act up to the rule, "In honor preferring one another; Servants one of another; Each counting others better than himself Subjecting yourselves one to another." The question is often asked, how we can count others better than ourselves, when we see that they are far below us in wisdom and in holiness, in natural gifts, or in grace received. The question proves at once how little we understand what real lowliness of mind is. True humility comes when, in the, light of God, we have seen ourselves to be nothing, have consented to part with and cast away self, to let God be all. The soul that has done this, and can say, So have I lost myself in finding Thee, no longer compares itself with others. It has given up forever every thought of self in God's presence; it meets its fellow-men as one who is nothing, and seeks nothing for itself; who is a servant of

God, and for His sake a servant of all. A faithful servant may be wiser than the master, and yet retain the true spirit and posture of the servant. The humble man looks upon every, the feeblest and unworthiest, child of God, and honors him and prefers him in honor as the son of a King. The spirit of Him who washed the disciples' feet, makes it a joy to us to be indeed the least, to be servants one of another.

The humble man feels no jealousy—or envy. He can praise God when others are preferred and blessed before him. He can bear to hear others praised and himself forgotten, because in God's presence he has learnt to say with Pul, "I am nothing." He has received the spirit of Jesus, who pleased not Himself, and sought not His own honor, as the spirit of his life.

Amid what are considered the temptations to impatience and touchiness, to hard thoughts and sharp words, which come from the failings and sins of fellow-Christians, the humble man carries the oft-repeated injunction in his heart, and shows it in his life, "Forbearing one another, and forgiving one another, and forgiving one another, even as the Lord forgave you." He has learnt that in putting on the Lord Jesus he has put on the heart of compassion, kindness, humility, meekness, and long-suffering. jesus has taken the place of self, and it is not an impossibility to forgive as Jesus forgave. His humility does not consist merely in thoughts or words of self-depreciation, but, as Paul puts it, in "a heart of humility," encompassed by compassion and kindness, meekness and longsuffering,—the sweet and lowly gentleness

recognized as the mark of the Lamb of God.

In striving after the higher experiences of the Christian life, the believer is often in danger of aiming at and rejoicing in what one might call the more human, the manly, virtues, such as boldness, joy, contempt of the world, zeal, self-sacrifice,—even the old Stoics taught and practice these,—while the deeper and gentler, the diviner and more heavenly graces, those which Jesus first taught upon earth, because He brought them from heaven; those which are more distinctly connected with His cross and the death of self,—poverty of spirit, meekness, humility, lowliness,— are scarcely thought of or valued. Therefore, let us put on a heart of compassion, kindness, humility, meekness, long-suffering; and let us prove our Christlikeness, not only in our zeal for saving the lost, but before all in our intercourse with the brethren, forbearing and forgiving one another, even as the Lord forgave us.

Fellow-Christians, do let us study the Bible portrait of the humble man. And let us ask our brethren, and ask the world, whether they recognize in us the likeness to the original. Let us be content with nothing less than taking each of these texts as the promise of what God will work in us, as the revelation in words of what the Spirit of Jesus will give as a birth within us. And let each failure and shortcoming simply urge us to turn humble and meekly to the meek and lowly Lamb of God, in the assurance that where He is enthroned in the heart, His humility and gentleness will be one of the streams of living water that flow from within us.[1] (1—I knew Jesus, and He was very precious to my

soul: but I found something in me that would not keep sweet and patient and kind. I did what I could to keep it dawn, but it was there. I besought Jesus to do something for me, and when I gave Him my will, He came to my heart, and took out all that would not be sweet, all that would not be kind, all that would not be patient, and then He shut the door.—George Foxe)

Once again I repeat what I have said before. I feel deeply that we have very little conception of what the Church suffers from the lack of this divine humility,—the nothingness that makes room for God to prove His power. It is not long since a Christian, of an humble, loving spirit, acquainted with not a few mission stations of various societies, expressed his deep sorrow that in some cases the spirit of love and forbearance was sadly lacking. Men and women, who in Europe could each choose their own circle of friends, brought close together with others of uncongenial minds, find it hard to bear, and to love, and to keep the unity of the Spirit in the bond of peace. And those who should have been fellow-helpers of each other's joy, became a hindrance and a weariness. And all for the one reason, the lack of the humility which counts itself nothing, which rejoices in becoming and being counted the least, and only seeks, life Jesus, to be the servant, the helper and comforter of others, even the lowest and unworthiest.

And whence comes it that men who have joyfully given up themselves for christ, find it so hard to give up themselves for their brethren? Is not the blame with the Church? It has so little taught its sons that the humility of Christ is the first of the

virtues, the best of all the graces and powers of the Spirit. It has so little proved that a Christlike humility is what it, like Christ, places and preaches first, as what is in very deed needed, and possible too, But let us not be discouraged. Let the discovery of the lack of this grace stir us to larger expectation from God. Let us look upon every brother who tries or vexes us, as God's means of grace God's instrument for our purification, for our exercise of the humility Jesus our Life breathes within us. And let us have such faith in the All of God, and the nothing of self, that, as nothing in our own eyes, we may, in God's power, only seek to serve one another in love.

Humility and Holiness

> "Which say, Stand by thyself;—, for I am holier than thou."
> —*Isaiah 65:5*

We speak of the Holiness movement in our times, and praise God for it. We hear a great deal of seekers after holiness and professors of holiness, of holiness teaching and holiness meetings. The blessed truths of holiness in Christ, and holiness by faith, are being emphasized as never before. The great test of whether the holiness we profess to seek or to attain, is truth and life, will be whether it be manifest in the increasing humility it produces. In the creature, humility is the one thing needed to allow God's holiness to dwell in him and shine through him. In Jesus, the

Holy One of God who makes us holy, a divine humility was the secret of His life and His death and His exaltation; the one infallible test of our holiness will be the humility, Every seeker after holiness needs to be on his guard, lest unconsciously what was begun in the spirit be perfected in the flesh, and pride creep in where its presence is least expected. Two men went up into the temple to pray: the one a Pharisee, the other a publican. There is no place or position so sacred but the Pharisee can enter there. Pride can lift its head in the very temple of God, and make His worship the scene of its self exaltation. Since the time Christ so exposed his pride, the Pharisee has put on the garb of the publican, and the confessor of deep sinfulness equally with the professor of the highest holiness, must be on the watch, Just when We are most anxious to have our heart the temple of God, we shall find the two men coming up to pray. And the publican will find that his danger is not from the Pharisee beside him. who despises him, but the Pharisee within who commends and exalts. In God's temple, when we think we are in the holiest of all, in the presence of His holiness, let us beware of pride. "Now there was a day when the sons of God came to present themselves before the Lord, and Satan came also among them."

"God, I thank thee, I am not as the rest of men, or even as this publican." It is in that which is just cause for thanksgiving, it is in the very thanksgiving which we render to God, it may be in the very confession that God has done it all, that self finds its cause of complacency. Yes, even when in the temple the

language of penitence and trust in God's mercy alone is heard, the Pharisee may take up the note of praise, and in thanking God be congratulating himself. Pride can clothe itself in the garments of praise or of penitence. Even though the words, "I am not as the rest of men" are rejected and condemned, their spirit may too often be found in our feelings and language towards our fellow-worshipers and fellow-men. Would you know if this really is so, just listen to the way in which Churches and Christians often speak of one another. How little of the meekness and gentleness of Jesus is to be seen. It is so little remembered that deep humility must be the keynote of what the servants of Jesus say of themselves or each other. Is there not many a Church or assembly of the saints, many a mission or convention, many a society or committee, even many a mission away in heathendom, where the harmony has been disturbed and the work of God hindered, because men who are counted saints have proved in touchiness and haste and impatience, in self-defense and self-assertion, in sharp judgments and unkind words, that they did not each reckon others better than themselves, and that their holiness has but little in it of the meekness of the saints? In their spiritual history men may have had times of great humbling and brokenness, but what a different thing this is from being clothed with humility, from having an humble spirit, from having that lowliness of mind in which each counts himself the servant of others, and so shows forth the very mind which was also in Jesus Christ.

"Stand by; for I am holier than thou!" What a parody on holiness! Jesus the Holy One is the humble One: the holiest will ever be the humblest. There is none holy but God: we have as much of holiness as we have of God. And according to what we have of God will be our real humility, because humility is nothing but the disappearance of self in the vision that God is all. The holiest will be the humblest. Alas! though the bare-faced boasting Jew of the days of Isaiah is not often to be found, even our manners have taught us not to speak thus, how often his spirit is still seen, whether in the treatment of fellow saints or of the children of the world. In the spirit in which opinions are given, and work is undertaken, and faults are exposed, how often, though the garb be that of the publican, the voice is still that of the Pharisee: "Oh God, I thank Thee that I am not as other men."

And is there, then, such humility to be found, that men shall indeed still count themselves "less than the least of all saints," the servants of all? There is. "Love vaunteth not itself, is not puffed up, seeketh not its own." Where the spirit of love is shed abroad in the heart, where the divine nature comes to a full birth where Christ the meek and lowly Lamb of God is truly formed within, there is given the power of a perfect love that forgets itself and finds its blessedness in blessing others, in bearing with them and honoring them, however feeble they be. Where this love enters, there God enters. And where God has entered in His power, and reveals Himself as All, there the creature becomes

nothing. And where the creature becomes nothing before God; it cannot be anything but humble towards the fellow-creature. The presence of God becomes not a thing of times and seasons, but the covering under which the soul ever dwells, and its deep abasement before God becomes the holy place of His presence whence all its words and works proceed.

May God teach us that our thoughts and words and feelings concerning our fellow men are His test of our humility towards Him, and that our humility before Him is the only power that can enable us to be always humble with our fellow-men. Our humility must be the life of Christ, the Lamb of God, within us.

Let all teachers of holiness, whether in the pulpit or on the platform, and all seekers after holiness, whether in the closet or the convention, take warning. There is no pride so dangerous, because none so subtle and insidious, as the pride of holiness. It is not that a man ever says, or even thinks, "Stand by; I am holier than thou." No, indeed, the thought would be regarded with abhorrence. But there grows up, all unconsciously, a hidden habit of soul, which feels complacency its attainments, and cannot help seeing how far it is in advance of others. It can be recognized, not always in any special self-assertion or self-laudation, but simply in the absence of that deep self-abasement which cannot but be the mark of the soul that has seen the glory of God(Job 42:5, 6; Isa.6:5). It reveals itself, not only in words or thoughts, but in a tone, a way of speaking of others, in which those who have the gift of spiritual discernment cannot but recognize the power of

self. Even the world with its keen eyes notices it, and points to it as a proof that the profession of a heavenly life does not bear any specially heavenly fruits. O brethren! let us beware. Unless we make, with each advance in what we think holiness, the increase of humility our study, we may find that we have been delighting in beautiful thoughts and feelings, in solemn acts of consecration and faith, while the only sure mark of the presence of God, the disappearance of self, was all the time wanting. Come and let us flee to Jesus, and hide ourselves in Him until we be clothed upon with His humility. That alone is our holiness.

Humility and Sin

"Sinners, of whom I am chief."

—*1 Timothy 1:15*

Humility is often identified with penitence and contrition. As a consequence, there appears to be no way of fostering humility but by keeping the soul occupied with its sin. We have learned, I think, that humility is something else and something more. We have seen in the teaching of our Lord Jesus and the Epistles how often the virtue is inculcated without any reference to sin, In the very nature of things, in the whole relation of the creature to the Creator, in the life of Jesus as He lived it and imparts it to us, humility is the very essence of holiness as of blessedness. It is the displacement of self by the enthronement of God. Where God is all, self is nothing.

But though it is this aspect of the truth I have felt it specially needful to press, I need scarce say what new depth and intensity man's sin and God's grace give to the humility of the saints. We have only to look at a man like the Apostle Paul, to see how, through his life as a ransomed and a holy man, the deep consciousness of having been a sinner lives inextinguishably. We all know the passages in which he refers to his life as a persecutor and blasphemer. "I am the least of the apostles, that am not worthy to be called an apostle, because I persecuted the Church of God... I labored more abundantly than they all; yet not I, but the grace of God which was with me" (I Cor. 15: 9,10). "Unto me, who am less than the least of all saints, was this grace given, to preach to the heathen" (Eph.3:8). "I was before a blasphemer, and a persecutor, and injurious; howbeit I obtained mercy, because I did it ignorantly in unbelief... Christ Jesus came into the world to save sinners, of whom I am chief" (1 Tim. I:13, 15). God's grace had saved him; God remembered his sins no more for ever; but never, never could he forget how terribly he had sinned. The more he rejoiced in God's salvation, and the more his experience of God's grace filled him with joy unspeakable, the clearer was his consciousness that he was a saved sinner, and that salvation had no meaning or sweetness except as the sense of his being a sinner made it precious and real to him. Never for a moment could he forget that it was a sinner God had taken up in His arms and crowned with His love.

The texts we have just quoted are often appealed to as Paul's

confession of daily sinning. One has only to read them carefully in their connection, to see how little this is the case. They have a far deeper meaning, they refer to that which lasts throughout eternity, and which will give its deep undertone of amazement and adoration to the humility with which the ransomed bow before the throne, as those who have been washed from their sins in the blood of the Lamb, Never, never, even in, glory, can they be other than ransomed sinners; never for a moment in this life can God's child live in the full light of His love, but as he feels that the sin, our of which he has been saved, is his one only right and title to all that grace has promised to do. the humility with which first he came as a sinner, acquires a new meaning when he learns how it becomes him as a creature. And then ever again, the humility, in which he was born as a creature, has its deepest, richest tones of adoration, in the memory of what it is to be a monument of God's wondrous redeeming love.

The true import of what these expressions of St. Paul teach us comes out all the more strongly when we notice the remarkable fact that, through his whole Christian course, we never find from his pen, even in those epistles in which we have the most intensely personal unbosomings, anything like confession of sin. Nowhere is there any mention of shortcoming or defect, nowhere any suggestion to his readers that he has failed in duty, or sinned against the law of perfect love. On the contrary, there are passages not a few in which he vindicates himself in language that means nothing if it does not appeal to a faultless life before

God and men. "Ye are witnesses, and God also, how holy, and righteously, and un-blameably we behaved ourselves toward you"(1 Thess. 2:10). "Our glorying is this, this testimony of our conscience, that in holiness and sincerity to you ward" (2 Cor. 1:12). This is not an ideal or an aspiration; it is an appeal to what his actual life had been. However we may account for this absence of confession of sin, all will admit that it must point to a life in the power of the Holy Ghost, such as is but seldom realized or expected in these our days.

The point which I wish to emphasize is this—that the very fact of the absence of such confession of sinning only gives the more force to the truth that it is not in daily sinning that the secret of the deeper humility will be found, but in the habitual, never for a moment to be forgotten position, which just the more abundant grace will keep more distinctly alive, that our only place, the only place of blessing, our one abiding position before God, must be that of those whose highest joy it is to confess that they are sinners saved by grace.

With Paul's deep remembrance of having sinned so terribly in the past, ere grace had met him, and the consciousness of being kept from present sinning, there was ever consciousness of being kept from present sinning, there was ever coupled the abiding remembrance of the dark hidden power of sin ever ready to come in, and only kept out by the presence and power of the indwelling Christ. "In me, that is, in my flesh, dwelleth no good thing;" —these words of Rom. 7 describe the flesh as it is to the

end. The glorious deliverance of Rom. 8—"The law of the Spirit of life in Christ Jesus hath now made me free from the law of sin, which once led me captive"—is neither the annihilation nor the sanctification of the flesh, but a continuous victory given by the Spirit as He mortifies the deeds of the body. As health expels disease, and light swallows up darkness, and life conquers death, the indwelling of Christ through the Spirit is the health and light and life of the soul. But with this, the conviction of helplessness and danger ever tempers the faith in the momentary and unbroken action of the Holy Spirit into that chastened sense of dependence which makes the highest faith and joy the handmaids of a humility that only lives by the grace of God.

The three passages above quoted all show that it was the wonderful grace bestowed upon Paul, and of which he felt the need every moment, that humbled him so deeply. The grace of God that was with him, and enabled him to labor more abundantly than they all; the grace tp preach to the heathen the unsearchable riches of Christ; the grace that was exceeding abundant with faith and love which is in Christ Jesus, it was this grace of which it is the very nature and glory that it is for sinners, that kept the consciousness of his having once sinned, and being liable to sin, so intensely alive. "Where sin abounded, grace did abound more exceedingly." This reveals how the very essence of grace is to deal with and take away sin, and how it must ever be the more abundant the experience of grace, the more intense the consciousness of being a sinner. It is not sin, but God's grace

showing a man and ever reminding him what a sinner he was, that, will keep him truly humble. It is not sin, but grace, that will make me indeed know myself a sinner, and— make the sinner's place of deepest self-abasement the place I never leave.

I fear that there are not a few sho, by strong expressions of self-condemnation and self-denunciation, have sought to humble themselves, and have to confess with sorrow that a humble spirit, a "heart of humility," with its accompaniments of kindness and compassion, of meekness and forbearance, is still as far off as ever. Being occupied with self, even amid the deepest self-abhorrence, can never free us from self. It is the revelation of God, not only by the law condemning sin but by His grace delivering from it, that will make us humble. The law may break the heart with fear; it is only grace that works that sweet humility which becomes a joy to the soul as its second nature. It was the revelation of God in His holiness, drawing nigh to make Himself known in His grace, that made Abraham and Jacob, Job and Isaiah, bow so low. It is the soul in which God the Creator, as the All of the creature in its nothingness, God the Creator, as the All of the creature in tis nothingness, God the Redeemer in His grace, as the All of the sinner in his sinfulness, is waited for and trusted and worshiped, that will find itself so filled with His presence, that there will be no place for self. So alone can the promise be fulfilled: "The haughtiness of man shall be brought low, and the Lord alone be exalted in that day."

It is the sinner dwelling in the full light of God's holy,

redeeming love, in the experience of that full indwelling of divine love, which comes through Christ and the Holy Spirit, who cannot but be humble. Not to be occupied with thy sin, but to be occupied with God, brings deliverance from self.

Humility and Faith

> "How can ye believe, which receive glory from one another, and the glory that cometh from the only God ye seek not?"
>
> *—John 5:44*

In an address I lately heard, the speaker said that the blessings of the higher Christian life were often like the objects exposed in a shop window,—one could see them clearly and yet could not reach them. If told to stretch our his hand and take, a man would answer, I cannot; there is a thick pane of plate-glass between me and them. And even so Christians may see clearly the blessed promises of perfect peace and rest, of overflowing love and hoy, of abiding communion and fruitfulness, and yet feel that there was something between hindering the true possession. And what might that be? Nothing but pride. The promises made to faith are so free and sure; the invitations and encouragements so strong; the mighty power of God in which it may count is so near and free,—that it can only be something that hinders faith that hinders the blessing being ours. In our text Jesus discovers to us that it is indeed pride that makes faith impossible. "How

can ye believe, which receive glory from one another?" As we see how in their very nature pride and faith are irreconcilably at variance, we shall learn that faith and humility are at root one, and that we never can have more of true faith than we have of true humility; we shall see that we may indeed have strong intellectual conviction and assurance of the truth while pride is kept in the heart, but that it makes the living faith, which has power with God, an impossibility.

We need only think for a moment what faith is. Is it not the confession of nothingness and helplessness, the surrender and the waiting to let God work? Is it not in itself the most humbling thing there can be, the acceptance of our place as dependents, who can claim or get or do nothing but what grace bestows?! Humility is 'simply the disposition which prepares the soul for living on trust. And every, even the most secret breathing of pride, in self-seeking, self-will, self-confidence, or self exaltation, is just the strengthening of that self which cannot enter the kingdom, or possess the things of the kingdom, because it refuses to allow God to be what He is and must be there—the All in All.

Faith is the organ or sense for the perception and apprehension of the heavenly world and its blessings. Faith seeks the glory that comes from God, that only comes where God is All. As long as we take glory from one another, as long as ever we seek and love and jealously guard the glory of this life, the honor and reputation that comes from men, we do not seek, and cannot receive the glory that comes from God. Pride renders faith impossible. Salvation comes through a cross and a crucified Christ. Salvation is the fellowship with the crucified Christ in the Spirit of His cross. Salvation is union with and delight in, salvation is participation in, the humility of Jesus. Is it wonder that our faith is so feeble when pride still reigns so much, and we have scarce learnt even to long or pray for humility as the most needful and blessed part of salvation?

Humility and faith are more nearly allied in Scripture than many know. See it in the life of Christ. There are two cases in which He spoke of a great faith. Had not the centurion, at whose faith He marveled, saying, "I have not found so great faith, no, not in Israel!" spoken, "I am not worthy that Thou shouldst come under my roof"? And had not the mother to whom He spoke, "O woman, great is thy faith!" accepted the name of dog, and said, "Tea, Lord, yet the dogs eat of the crumbs'? It is the humility that brings a soul to be nothing before God, that also removes every hindrance to faith, and makes it only fear lest it should dishonor Him by not trusting Him wholly.

Brother, have we not here the cause of failure in the pursuit of holiness? Is it not this, though we knew it not, that made our consecration and our faith so superficial and so short-lived? We had no idea to what an extent pride and self were still secretly working within us, and how alone God by His incoming and His mighty power could cast them out. We understood not how nothing but the new and divine nature, taking entirely the place of the old self, could make us really humble. We knew not

that absolute, unceasing, universal humility must be the root disposition of every prayer and every approach to God as well as of every dealing with man; and that we might as well attempt to see without eyes, or live without breath, as believe or draw nigh to God or dwell in His love, without an all-pervading humility and lowliness of heart.

Brother, have we not been making a mistake in taking so much trouble to believe, while all the time there was the old self in its pride seeking to possess itself of God's blessing and riches? No wonder we could not believe. Let us change our course. Let us seek first of all to humble ourselves under the mighty hand of God: He will exalt us. The cross, and the death, and the grave, into which Jesus humbled Himself, were His path to the glory of God. And they are our path. Let our one desire and our fervent prayer be. to be humbled with Him and like Him; let us accept gladly whatever can humble us before God or men;—this alone is the path to the glory of God.

You perhaps feel inclined to ask a question. I have spoken of some who have blessed experiences, or are the means of bringing blessing to others, and yet are lacking in humility. You ask whether these do not prove that they have true, even strong faith, though they show too clearly that they still seek too much the honor that cometh from men. There is more than one answer can be given. But the principal answer in our present connection is this: They indeed have a measure of faith, in proportion to which, with the special gifts bestowed upon them, is the blessing they

bring to others. But in that very blessing the work of their faith is hindered, through the lack of humility. The blessing is often superficial or transitory, just because they are not the nothing that opens the way for God to be all. A deeper humility would without doubt bring a deeper and fuller blessing. The Holy Spirit not only working in them as a Spirit of power, but dwelling in them in the fullness of His grace, and specially that of humility, would through them communicate Himself to these converts for a life of power and holiness and steadfastness now all to little seen.

"How can ye believe, which receive glory from one another?" Brother! nothing can cure you of the desire of receiving glory from men, or of the sensitiveness and pain and anger which come when it is not given, but giving yourself to seek only the glory that comes from God. Let the glory of the All glorious God be everything to you. You will be freed from the glory of men and of self, and be content and glad to be nothing. Out of this nothingness you will grow strong in faith, giving glory to God, and you will find that the deeper you sink in humility before Him, the nearer He is to fulfill the every desire of your Faith.

Humility and Death to Self

"He humbled Himself and became obedient unto death."
—Philippians 2:8

Humility is the path to death, because in death it gives the highest proof of its perfection. Humility is the blossom of which death to self, is the perfect. fruit. Jesus humbled Himself unto death, and opened the path in which we too must walk. As there was no way for Him to prove His surrender to God to the very uttermost, or to give up and rise out of our human nature to the glory of the Father but through death, so with us too. Humility must lead us to die to self: so we prove how wholly we have given ourselves up to it and to God; so alone we are freed from fallen nature, and find the path that leads to life in God, to that full birth of the new nature, of which.

We have spoken of what Jesus did for His disciples when He communicated His resurrection life to them, when in the descent of the Holy Spirit He, the glorified and enthroned Meekness, actually came from heaven Himself to dwell in them. He won the power to do this through death: in its inmost nature the life He imparted was a life out of death, a life that had been surrendered to death, and been won through death. He who came to dwell in them was Himself One who had been dead and now lives for evermore. His life, His person, His presence, bears the marks of death, of being a life begotten out of death. That life in His disciples ever bears the death marks too; it is only as the Spirit of the death, of the dying One, dwells and works in the soul, that the power of His life can be known. The first and chief of the marks of the dying of the Lord Jesus, of the death-marks that show the true follower of Jesus, is humility. For

these two reasons: Only humility leads to perfect death; Only death perfects humility. Humility and death are in their very nature one: humility is the bud; in death the fruit is ripened to perfection.

Humility leads to perfect death. Humility means the giving up of self and the taking of the place of perfect nothingness before God. Jesus humbled Himself, and became obedient unto death. In death He gave up the life He had in union with our human mature; He died to self, and the sin that tempted Him; so, as man, He entered into the perfect life of God. If it had not been for His boundless humility, counting Himself as nothing except as a servant to do and suffer the will of God, He never would have died. Humility means the giving up of self and the taking of the place of perfect nothingness before God. Jesus humbled Himself, and became obedient unto death. In death He gave the highest, the perfect proof of having given up His will to the will of God. In death He gave up His self, with its natural reluctance to drink the cup; He gave up the life He had in union with our human nature; He died to self, and the sin that tempted Him; so, as man, He entered into the perfect life of God. If it had not been for His boundless humility, counting Himself as nothing except as a servant to do and suffer the will of God, He never would have died.

This gives us the answer to the question so often asked, and of which the meaning is so seldom clearly apprehended: How can I die to self? The death to self is not your work, it is God's

work. In Christ you are dead to sin the life there is in you has gone through the process of death and resurrection; you may be sure you are indeed dead to sin. But the full manifestation of the power of this death in your disposition and conduct. depends upon the measure in which the Holy Spirit imparts the power of the death of Christ And here it is that the teaching is needed: if you would enter into full fellowship with Christ in His death, and know the full deliverance from self, humble yourself. This is your one duty. Place yourself before God in your utter helplessness; consent heartily to the fact of your impotence to slay or make alive yourself; sink down into your own nothingness, in the spirit of meek and patient and trustful surrender to God. Accept every humiliation, look upon every fellow-man who tries or vexes you, as a means of grace to humble you. Use every opportunity of humbling' yourself before your fellow-men as a help to abide humble before God. God will accept such humbling of yourself as the proof that your whole heart desires it, as the very best prayer for it, as your preparation for His mighty work of grace, when, by the mighty atrengthening of His Holy Spirit, He reveals Christ fully in you, so that He, in His form of a servant, is truly formed in you, and dwells in your heart, It is the path of humility which leads to perfect death, the full and perfect experience that we are dead in Christ.

Then follows: Only this death leads to perfect humility. Oh, beware of the mistake so many make, who would fain be humble, but are afraid to be too humble. They have so many qualifications

and limitations, so many reasonings and questionings, as to what true humility is to be and to do, that they never unreservedly yield themselves to it. Beware of this. Humble yourself unto the death. It is in the death to self that humility is perfected. Be sure that at the root of all real experience of more grace, of all true advance in consecration, of all actually increasing conformity to the likeness of Jesus, there must be a deadness to self that proves itself to God and men in our dispositions and habits. It is sadly possible to speak of the death-life and the Spirit-walk, while even the tenderest love cannot but see how much there is of self. The death to self has no surer death-mark than a humility which makes itself of no reputation, which empties out itself, and takes the form of a servant. It is possible to speak much and honestly of fellowship with a despised and rejected Jesus, and of bearing His cross, while the meek and lowly, the kind and gentle humility of the Lamb of God is not seen, is scarcely sought. The Lamb of God means to two things—meekness and death. Let us seek to receive Him in both forms. In Him they are inseparable: they must be in us too.

What a hopeless task if we had to do the work! Nature never can overcome,—nature, not even with—the help of grace. Self can never cast out self, even in the regenerate man. Praise God! the work has been done, and finished and perfected for ever. The death of Jesus, once and forever, is our death to self. And the ascension of Jesus, His entering once and for ever into the Holiest, has given us the Holy Spirit to communicate to us in

power, and make our very own, the power of the death-life. As the soul, in the pursuit and practice of humility, follows in the steps of Jesus, its consciousness of the need of something more is awakened, its desire and hope is quickened, its faith is strengthened, and it learns to look up and claim and receive that true fullness of the Spirit of Jesus, which can daily maintain His death to self and sin in its full power, and make humility the all pervading spirit of our life.(NOTE 3)

"Are ye ignorant that all we who were baptized into Jesus Christ were baptized into His death? Reckon yourselves to be dead unto sin, but alive unto God in Christ Jesus. Present yourself unto God, as alive from the dead. "The whole self consciousness of the Christian is to be imbued and characterized by the spirit that animated the death of Christ. He has ever to present himself to God as one who has died in Christ, and in Christ is alive from the dead, bearing about in his body the dying of the Lord Jesus. His life ever bears the two-fold mark: its roots striking in true humility deep into the grave of Jesus, the death to sin and self; its head lifted up in resurrection power to the heaven where Jesus is.

Believer, claim in faith the death and the life of Jesus as thine. Enter in His grave into the rest from self and its work—the rest of God.—With Christ, who committed His spirit into the Father's hands, humble thyself and descend each— day into that perfect, helpless dependence upon God. God will raise thee up and exalt thee. Sink every morning in deep, deep nothingness

into the grave of Jesus; every day the life of Jesus will be manifest in thee, Let a willing, loving, restful, happy humility be the mark that thou hast indeed claimed thy birthright—the baptism into the death of Christ. "By one offering He has perfected for ever them that are sanctified." The souls that enter into His humiliation will find in Him the power to see and count self dead, and, as those who have learned and received of Him, to walk with all lowliness and meekness, forbearing one another in love. The death-life is seen in a meekness and lowliness like that of Christ.

NOTE 3

"To die to self, or come from under its power, is not, cannot be done, by any active resistance we can make to it by the powers of nature. The one true way of dying to self is the way of patience, meekness, humility, and resignation to God. This is the truth and perfection of dying to self⋯ For if I ask you what the Lamb of God means, must you not tell me that it is and means the perfection of patience, meekness, humility, and resignation to God? Must you not therefore say that a desire and faith of these virtues is an application to Christ, is a giving up yourself to Him and the perfection of faith in Him? And then, because this inclination of your heart to sink down in patience, meekness, humility, and resignation to God, is truly giving up all that you are and all that you have from fallen Adam, it is perfectly leaving all you have to follow Christ; it is your highest act of faith in Him. Christ is nowhere but in these virtues; when they are there, He is in His own kingdom. Let this be the Christ you follow.

"The Spirit of divine love can have no birth in any fallen creature, till it wills and chooses to be dead to all self, in a patient, humble resignation to the power and mercy of God. "I seek for all my salvation through the merits and mediation of the meek, humble, patient, suffering Lamb of God, who alone hath power to bring forth the blessed birth of these heavenly virtues in my soul. There is no possibility of salvation but in and by the birth of the meek, humble, patient, resigned Lamb of God in our souls. When the Lamb of God hath brought forth a real birth of His own meekness, humility, and full

resignation to God in our souls, then it is the birthday of the Spirit of love in our souls, which, whenever we attain, will feast our souls with such peace and joy in God as will blot out the remembrance of everything that we called peace or joy before.

"This way to God is infallible. This infallibility is grounded in the twofold character of our Savior: 1. As He is the Lamb of God, a principle of all meekness and humility in the soul; 2. As He is the Light of heaven, and blesses eternal nature, and turns it into a kingdom of heaven,-when we are willing to get rest to our souls in meek, humble resignation to God, then it is that He, as the Light of God and heaven, joyfully breaks in upon us, turns our darkness into light, and begins that kingdom of God and of love within us, which will never have an end."

- William Law, *Wholly For God.*

Humility and Happiness

"Most gladly therefore will I rather glory in my weaknesses, that the strength of Christ may rest upon me. Wherefore I take pleasure in weakness: for when I am weak then am I strong."

—*2 Corinthians 12:9, 10*

Lest Paul should exalt himself, by reason of the exceeding greatness of the revelations, a thorn in the flesh was sent him to keep him humble. Paul's first desire was to have it removed, and he besought the Lord thrice that it might depart. The answer came that the trial was a blessing; that, in the weakness and humiliation it brought, the grace and strength of the Lord could be the better manifested. Paul at once entered upon a new stage in his relation to the trial: instead of simply enduring it, he most gladly gloried in it; instead of asking for deliverance, he took pleasure in it. He had learned that the place of humiliation is the

place of blessing, of power, of joy.

Every Christian virtually passes through these two stages in his pursuit of humility. In the first he fears and flees and seeks deliverance from all that can humble him. He has not yet learnt to seek humility at any cost. He has accepted the command to be humble, and seeks to obey it though only to find how utterly he fails. He prays for humility, at times very earnestly; but in his secret heart he prays more, if not in word, then in wish, to be kept from the very things that will make him humble. He is not yet so in love with humility as the beauty of the Lamb of God, and the joy of heaven, that he would sell all to procure it. In his pursuit of it, and his prayer for it, there is still somewhat of a sense of burden and of bondage; to humble himself has not yet become the spontaneous expression of a life and a nature that is essentially humble. It has not yet become his joy and only pleasure. He cannot yet say, "Most gladly do I glory in weakness, I take pleasure in whatever humbles me."

But can we hope to reach the stage in which this will be the case? Undoubtedly. And what will it be that brings us there? That which brought Paul there—a new revelation of the Lord Jesus. Nothing but the presence of God can reveal and expel self. A clearer insight was to be given to Paul into the deep truth that the presence of jesus will banish every desire to seek anything in ourselves, and will make us delight in every humiliation that prepares us for His fuller manifestation. Our humiliations lead us, in the experience of the presence and power of Jesus, to

choose humility as our highest blessing. Let us try to learn the lessons the story of Paul teaches us.

We may have advanced believers, eminent teachers, men of heavenly experiences, who have not yet fully learnt the lesson of perfect humility, gladly glorying in weakness. We see this in Paul. The danger of exalting himself was coming very near. He knew not yet perfectly what it was to be nothing; to die, that Christ alone might live in him; to take pleasure in all that brought him low. It appears as if this were the highest lesson that he had to learn, full conformity to his Lord in that self-emptying where he gloried in weakness that God might be all.

The highest lesson a believer has to learn is humility. Oh that every Christian who seek to advance in holiness may remember this well! There may be intense consecration, and fervent zeal and heavenly experience, and yet, if it is not prevented by very special dealings of the Lord, there may be an unconscious self-exaltation with it all. Let us learn the lesson,—the highest holiness is the deepest humility; and let us remember that comes not of itself, but only as it is made matter of special dealing on the part of our faithful Lord and His faithful servant.

Let us look at our lives in the light of this experience, and see whether we gladly glory in weakness, whether we take pleasure, as Paul did, in injuries, in necessities, in distresses. Yes, let us ask whether we have learnt to regard a reproof, just or unjust, a reproach from friend or enemy, an injury, or trouble, or difficulty into which others bring us, as above all an opportunity of proving

Jesus is all to us, how our own pleasure or honor are nothing, and, how humiliation is in very truth what we take pleasure in. It is indeed blessed, the deep happiness of heaven, to be so free from self that whatever is said of us of done to us is lost and swallowed up, in the thought that Jesus is all.

Let us trust Him who took charge of paul to take charge of us too. Paul needed special discipline, and with it special instruction, to learn, what was more precious than even the unutterable things he had heard in heaven what it is to glory in weakness and lowliness. We need it, too, oh so much. He who cared for him will care for us too. He watches over us with a jealous, loving care, "lest we exalt ourselves." When we are doing so, He seeks to discover to us the evil, and deliver us from it. In trial and weakness and trouble He seeks to bring us low, until we so learn that His grace is all, as to take pleasure in the very thing that brings us and keeps us low. His strength made perfect in our weakness, His presence filling and satisfying our emptiness, becomes the secret of a humility that need never fail. It can, as Paul, in full sight of what God works in us, and through us, ever say, "In nothing was I behind the chiefest apostles, though I am nothing." His humiliations had led him to true humility, with its wonderful gladness and glorying and pleasure in all that humbles.

"Most gladly will I glory in my weaknesses, that the power of Christ may rest upon me; wherefore I take pleasure in weaknesses. "The humble man has learnt the secret of abiding

gladness. The weaker he feels, the lower he sinks; the greater his humiliations appear, the more the power and the presence of Christ are his portion, until, as he says, "I am nothing," the word of his Lord brings ever deeper joy: "My grace is sufficient for thee."

I feel as if I must once again gather up all in the two lessons: the danger of pride is greater and nearer than we think, and the grace for humility too.

The danger of pride is greater and nearer than we think, and that especially at the time of our highest experiences. The preacher of spiritual truth with an admiring congregation hanging on his lips, the gifted speaker on a Holiness platform expounding the secrets of the heavenly life, th Christian giving testimony to a blessed experience, the evangelist moving on as in triumph, and made a blessing to rejoicing multitudes,—no man knows the hidden, the unconscious danger to which these are exposed. Paul was in danger without knowing it; what Jesus did for him is written for our admonition, that we may know our danger and know our only safety. If ever it has been said of a teacher or professor of holiness, he is so full of self; or, he does not practice what he preaches; or, his blessing has not made him humbler or gentler,—let it be said no more. Jesus, in whom we trust, can make us humble.

Yes, the grace for humility is greater and nearer, too, than we think. The humility of jesus is our salvation: Jesus Himself is our humility. Our humility is His care and His work. His grace

is sufficient for us, to meet the temptation of pride too. His strength will be perfected in our weakness. Let us choose to be weak, to be low, to be nothing. let humility be to us hoy and gladness. Let us gladly glory and take pleasure in weakness, in all that can humble us and keep us low; the power of Christ will rest upon us. Christ humbled Himself, therefore God exalted Him. Christ will humble us, and keep us humble; let us heartily consent, let us trustfully and joyfully accept all that humbles; the power of Christ will rest upon us. We shall find that the deepest humility is the secret of the truest happiness, of a hoy that nothing can destroy.

Humility and Exaltation

"He that humbleth himself shall be exalted."
—*Luke 14:11, 18:14*

"God giveth grace to the humble. Humble yourself
in the sight of the Lord, and He shall exalt you."
—*James 4:10*

"Humble yourselves therefore under the mighty hand of God,
that He may exalt you in due time."
—*1 Peter 5: 6*

Just yesterday I was asked the question, How am I to conquer this pride? The answer; was simple. Two things are needed. Do what; God says is your work: humble yourself. Trust Him to do

what He says is His work: He will exalt you.

The command is clear: humble yourself. That does not mean that it is your work to conquer and cast out the pride of your nature, and to form within yourself the lowliness of the holy Jesus. No, this is God's work; the very essence of that exaltation, wherein He lifts you up into the real likeness of the beloved Son. What the command does mean is this: take every opportunity of humbling yourself before God and man. In the faith of the grace that is already working in you; in the assurance of the more grace for victory that is coming; up to the light that conscience each time flashes upon the pride of the heart and its workings; notwithstanding all there may be of failure and falling, stand persistently as under the unchanging command: humble yourself. Accept with gratitude everything that God allows from within or without, from friend or enemy, in nature or in grace, to remind you of your need of humbling, and to help you to it. Reckon humility to be indeed the mother-virtue, your very first duty before God, the one perpetual safeguard of the soul, and set your heart upon it as the source of all blessing. The promise is divine and sure: He that humbleth himself shall be exalted. See that you do the one thing God asks: humble yourself. God will see that does the one thing He has promised. He will give more grace; He will exalt you in due time.

All God's dealings with man are characterized by two stages. There is the time of preparation, when command and promise, with the mingled experience of effort and impotence, of failure

and partial success, with the holy expectancy of something better which these waken, train and discipline men for a higher stage. Then comes the time of fulfillment, when faith inherits the promise, and enjoys what it had so often struggled for in vain. This law holds good in every part of the Christian life, and in the pursuit of every separate virtue. And that because it is grounded in the very nature of things. In all that concerns our redemption, God must needs take the initiative. When that has been done, man's turn comes. In the effort after obedience and attainment, he must learn to know his impotence, in self-despair to die to himself, and so be fitted voluntarily and intelligently to receive from God the end, the completion of that of which he had accepted the beginning in ignorance. So, God who had been the Beginning, ere man rightly knew Him, or fully understood what His purpose was, is longed for and. welcomed as the End, as the All in All.

It is even thus, too, in the pursuit of humility. To every Christian the command comes from the throne of God Himself: humble yourself. The earnest attempt to listen and obey will be rewarded yes, rewarded—with the painful discovery of two things. The one, what depth of pride, that is of unwillingness to count oneself and to be counted nothing, to submit absolutely to God, there was, that one never knew. The other, what utter impotence there is in all our efforts, and in all our prayers too for God's help, to destroy the hideous monster. Blessed the man who now learns to put his hope in God, and to persevere, notwithstanding

all the power of pride within him, in acts of humiliation before God and Men. We know the law of human nature: acts produce habits, habits breed dispositions, dispositions form the will, and the rightly-formed will is character. It is no otherwise in the work of grace. As acts, persistently repeated, beget habits and dispositions, and these strengthened the will, He who works both to will and to do comes with His mighty power and Spirit; and the humbling of the proud heart with which the' penitent saint cast himself so often before God, is rewarded with the "more grace" of the humble heart, in which the Spirit of Jesus has conquered, and brought the new nature to its maturity, and He the meek and lowly One now dwells for ever.

Humble yourselves in the sight of the Lord, and He will exalt you. And wherein does the exaltation consist? The highest glory of the creature is in being only a vessel, to receive and enjoy and show forth the glory of God. It can do this only as it is willing to be nothing in itself, that God may be all. Water always fills first the lowest places. The lower, the emptier a man lies before God, the speedier and the fuller will be the inflow of the diving glory. The exaltation God promises is not, cannot be, any external thing apart from Himself: all that He has to give or can give is only more of Himself, Himself to take more complete possession. The exaltation is not, like an earthly prize, something arbitrary, in no necessary connection with the conduct to be rewarded. No, but it is in its very nature the effect and result of the humbling of ourselves. It is nothing but the gift of such a divine indwelling

humility, such a conformity to and possession of the humility of the Lamb of God, as fits us for receiving fully the indwelling of God.

He that humbleth himself shall be exalted. Of the truth of these words Jesus Himself is the proof; of the certainty of their fulfillment to us He is the pledge. Let us take His yoke upon us and learn of Him, for He is meek and lowly of heart. If we are but willing to stoop to Him, as He has stooped to us, He will yet stoop to each one of us again, and we shall find ourselves not unequally yoked with Him. As we enter deeper into the fellowship of His humiliation, and either humble ourselves or bear the humbling of men, we can count upon it that the Spirit of His exaltation, "the Spirit of God and of glory," will rest upon us. The presence and the power of the glorified Christ will come to them that are of an humble spirit. When God can again have His rightful place in us, He will lift us up. Make His glory thy care in humbling thyself; He will make thy glory His care in perfecting thy humility, and breathing into thee, as thy abiding life, the very Spirit of His Son. As the all-pervading life of God possesses thee, there will be nothing so natural, and nothing so sweet, as to be nothing, with not a thought or wish for self, because all is occupied with Him who filleth all. "Most gladly will I glory in my gladly will I glory in my weakness, that the strength of Christ may rest upon me."

Brother, have we not here the reason that our consecration and our faith have availed so little in the pursuit of holiness? It was

by self and its strength that the work was done under the name of faith; it was for self and its happiness that God was called in; it was, unconsciously, but still truly, in self and its holiness that the soul rejoiced. We never knew that humility, absolute, abiding, Christlike humility and self-effacement, pervading and marking our whole life with God and man, was the most essential element of the life of the holiness we sought for.

It is only in the possession of God that I lose myself. As it is in the height and breadth and glory of the sunshine that the littleness of the more playing in its beams is seen, even so humility is the taking our place in God's presence to be nothing but a mote dwelling in the sunlight of His love.

"How great is God! how small am I.! Lost, swallowed up in Love's immensity! God only there, not I."

May God teach us to believe that to be humble, to be nothing in His presence, is the highest attainment, and the fullest blessing of the Christian life. He speaks to us: "I dwell in the high and holy place, and with him the is of a contrite and humble spirit." Be this our portion!

"Oh, to emptier, lowlier,

Mean, unnoticed, and unknown,

And to God a vessel holier,

Filled with Christ, and Christ alone!"

Note
A Secret of Secrets: Humility the Soul of True Prayer.-Till the spirit of the heart be renewed, till it is emptied of all earthly desires, and stands in an

habitual hunger and thirst after God, which is the true spirit of prayer; till then, all our prayer will be, more or less, but too much like lessons given to scholars; and we shall mostly say them, only because we dare not neglect them. But be not discouraged; take the following advice, and then you may go to church without any danger of mere lip-labor or hypocrisy, although there should be a hymn or a prayer, whose language is higher than that of your heart. Do this: go to the church as the publican went to the temple; stand inwardly in the spirit of your mind in that form which he outwardly expressed, when he cast down his eyes, and could only say, "God be merciful to me, a sinner." Stand unchangeably, at least in your desire, in this form or state of heart; it will sanctify every petition that comes out of your mouth; and when anything is read or sung or prayed, that is more exalted than your heart is, if you make this an occasion of further sinking down in the spirit of the publican, you will then be helped, and highly blessed, by those prayers and praises which seem only to belong to a heart better than yours.

This, my friend, is a secret of secrets; it will help you to reap where you habe not sown, and be a continual source of grace in your soul; for everything that inwardly stirs in you, or outwardly happens to you, becomes a real good to you, if it finds or excites in you this humble state of mind. For nothing is in vain, or without profit to the humble soul; it stands always in a state of divine growth; everything that falls upon it is like a dew of heaven to it. Shut up yourself, therefore, in this form of Humility; all good is enclosed in it; it is a water of heaven, that turns the fire of the fallen soul into the meekness of the divine life, and creates that oil, out of which the love to God and man gets its flame. Be enclosed, therefore, always in it; let it be as a garment wherewith you are always covered, and a girdle with which you are girt; breathe nothing but in and from its spirit; see nothing but with its eyes; hear nothing but with its ears. And then, whether you are in the church or out of the church, hearing the praises of God or receiving wrongs from men and the world, all will be edification, and everything will help forward your growth in the life of God.

- William Law, *The Spirit of Prayer*

A Prayer for Humility

I will here give you an infallible touchstone, that will try all to the truth. It is this: retire from the world and all conversation, only for one month; neither write, nor read, nor debate anything with yourself; stop all the former workings of your heart and mind: and, with all the

strength of your heart, stand all this month, as continually as you can, in the following form of prayer to God. Offer it frequently on your knees; but whether sitting, walking. or standing, be always inwardly longing, and earnestly praying this one prayer to God: "That of His great goodness He would make known to you, and take from your heart, every kind and form and degree of Pride, whether it be from evil spirits, or your own corrupt nature; and that He would awaken in you the deepest depth and truth of that Humility, which can make you capable of His light and Holy Spirit." Reject every thought, but that of waiting and praying in this matter from the bottom of your heart, with such truth and earnestness, as people in torment wish to pray and be delivered from it ...If you can and will give yourself up in truth and sincerity to this spirit of prayer, I will venture to affirm that, if you had twice as many evil spirits in you as Mary magdalene had, they will all be cast out of you, and you will be forced with her to weep tears of love at the feet of the holy Jesus.

- William Law, *The Spirit of Prayer*